대학생을 위한
자기경영리더십코칭

손인수 · 박근아 · 김세희

대학생을 위한 자기경영 리더십코칭

손인수 · 박근아 · 김세희

도서출판 디자인21

들어가면서

지은이 손인수 코치가 전합니다.

손인수 코치는 '사랑이 메아리치게 함께 노는 코칭을 함으로써 함께 행복을 만들자'라는 가치를 2024년에 만들었고, 이를 기반으로 삶을 꾸려 나가고 있습니다.

지난 세월을 돌아보면, '삶에는 오르막길도 있고 내리막길도 있다'라는 글이 맞는 것 같습니다. 어려운 때가 여러 번 있었음에도 '어려움이 내게 온 것은 다 이유가 있는데, 그 이유가 뭘까?'라는 질문을 던졌고, 답을 찾는 시간을 많이 가졌습니다.

또, 힘들 땐 옆에 아내가 있었고, 아이들이 있었고, 함께 활동하는 코치들이 있었고, 함께 살아가는 세상이 있었습니다. 세상살이가 힘들더라도 온전한 내 편 한 사람이라도 있으면 살아지는게 삶이라더니 '함께, 행복'이라는 단어가 가슴에 강하게 새겨졌습니다.

그리고 끝은 '인수야 수고 많다. 인수야 사랑한다.'라는 말로 마무리했습니다.

손인수 코치는 책의 제목 '자기경영리더십코칭'에서 같이 '내 삶은 내가 꾸려 나간다'는 마음으로 단단히 살아왔다고 말할 수 있습니다. 그 중에서도 '사랑, 함께, 놀자, 행복, 코칭' 등의 단어가 심장을 뛰게 만들었고, 생활을 이끌었습니다.

첫째, 사랑과 놀이, 그리고 코칭의 조화로 살아왔습니다.

'사랑'은 사람의 삶을 풍요롭게 하는 가장 기본적인 감정입니다. 우리는 사랑을 통해 타인과 연결되고, 상호 작용하며, 성장할 수 있습니다. 그런데 사랑이 단순히 감정에 머무르는 것이 아니라, 행동으로 확장될 때 더욱 강력한 힘을 발휘합니다. 그중에서도 '함께 노는 것'은 사랑을 표현하는 가장 자연스러운 방법 중 하나입니다. 놀이를 통해 우리는 서로를 이해하고, 신뢰를 쌓으며, 창의적인 상호작용을 할 수 있습니다.

여기에 코칭을 접목시켜 나를 더 들여다 보고, 나를 사랑하면서 놀도록 나에게 코치을 했습니다. 2014년부터 코칭을 배우면서 잠재력을 깨우고, 스스로 성장할 수 있도록 동기부여 하는 코칭을 스스로에게 했습니다. 그것도 놀이처럼 즐겁게 진행하면서 진정한 변화와 성장이 이루지도록 했습니다. '사랑이 메아리치게 함께 노는 코칭을 함으로써 함께 행복을 만들자'라는 말은, 코칭을 통해 사랑과 놀이를 조화롭게 연결하여 개인과 공동체의 행복을 창조하자는 의미를 담고 있습니다.

둘째, 함께 노는 코칭을 하려고 했습니다.

'함께 논다'는 것은 단순한 유희를 넘어, 서로를 존중하고 열린 마음으로 소통하며, 협력하자는 것입니다. 여기에 코칭을 놀이처럼 진행하면서, 코칭 고객이 두려움 없이 자신의 생각을 표현하고, 자연스럽게 학습하며, 창의적인 해결책을 찾아내면서 행복을 함께 만들어 나갔습니다. 함께 노는 코칭은 단순히 즐거움을 주는 것이 아니라, 보다 깊은 변화를 이끌어내게 하는 것이었습니다.

셋째, 사랑이 메아리치는 코칭을 하려 했습니다.

사랑이 메아리친다는 것은 사랑이 지속적으로 울려 퍼지는 것이고, 코칭을 통해 전해진 사랑은 코칭에서 만난 사람과 주변 사람에게 긍정적인 영향이 확산되도록 하자는 뜻이 있습니다. 마치 메아리가 퍼져나가듯이, 따뜻한 코칭의 경험이 사람들에게 영감을 주고, 코칭 고객과 주변에 변화를 일으키도록 했습니다.

예를 들어, 한 사람이 자신감을 얻고 성장하면, 그는 주위 사람들에게도 긍정적인 영향을 미칩니다. 부모가 아이들에게 사랑을 기반으로 한 코칭을 제공하면, 아이들은 더욱 행복하고 안정된 환경에서 성장할 수 있습니다.

마지막으로 함께 행복을 만드는 과정으로 삶을 꾸렸습니다.

행복은 개인이 혼자만의 노력으로 만들어 내는 것이 아니라, 함께 나누고 경험할 때 더욱 깊어집니다. 우리가 되어 서로 돕고 지지할 때, 행복은 단순한 감정이 아니라 지속적인 삶의 방식이 됩니다.

그리고 행복을 설계하는 강력한 도구로서 코칭을 활용했습니다. 코치로서 함께 행복을 만드는 코칭을 했고, 경청과 공감, 자기 스스로 탐색하도록 동기부여, 놀이처럼 도전하도록 하는 응원과 인정하기 등을 적극적으로 실천했습니다.

결국, 손인수 코치는 '사랑과 놀이, 그리고 코칭'이 조화를 이루면서 '진정한 행복을 함께 만들어 가는 코칭'으로 개인적으로 살아왔고, 코칭에서 만난 분들과 함께 또 행복을 만들었습니다. 개인적 삶에서 작은 실천을 통해 사랑이 메아리치고, 놀이와 코칭이 결합하여 긍정적인 변화를 만들어왔고, 이것이 코칭 활동으로 확산시켜 코칭에서 만나는 사람들이 더욱 행복한 삶으로 메아리치도록 함께 행복을 만들어 왔습니다.

지은이 박근아 코치가 전합니다.

누구에게나 인생에서 꼭 지나야만 하는 시기가 있습니다.
어른이 되었지만 아직 어른 같지 않은 시간,
정답도 지도도 없이 선택의 기로 앞에 서야 하는 시기. 저에게 그 시절은 바로 20대였습니다.
사실 저는 대학생활이 힘들다고 느끼지는 않았습니다.
학점이나 과제보다 더 어려웠던 건, 내가 예상하지 못했던 수많은 선택과 결정 앞에 서야 했다는 것이었습니다. 전공을 정하고, 진로를 고민하고, 사람을 만나고 관계를 유지하며, 때로는 멀어지는 것까지—이 모든 순간에 저는 생각보다 빠르게 책임감 있게 '결정하는 사람'이 되어야 했습니다.
어쩌면, 너무 일찍 어른이 되어야 했던 건 아닐까 싶기도 합니다.

"스무 살 이후, 나는 누구보다 바쁘게 어른이 되어야만 했다"

많은 걸 해냈고, 많은 걸 결정했습니다. 또래보다 빨리 사회에 나갔고, 여러 가지 역할을 동시에 감당하며 하루하루를 채워갔습니다.
누구보다 열심히 살아가고 있었지만, 어느 순간 문득 이런 생각이 들었습니다.
"내가 정말 원하는 삶을 살고 있는 걸까?"
"내가 선택한 이 길이 정말 나의 길이 맞을까?"
그럴 때마다 마음 한구석이 허전했습니다. 나의 속마음을 솔직하게 꺼내놓을 수 있는 누군가,

나를 이해하고 조용히 들어줄 멘토가 있었으면 좋겠다는 바람. 하지만 그런 존재는 주변 어디에도 없었습니다.

그래서 결국 저는 또, 혼자 묻고 혼자 답해야 했습니다.

"혼자라는 외로움 속에서, 스스로를 이끄는 힘이 생겼습니다"

그러던 어느 날 저는 '코칭'을 만났습니다.

그건 누군가가 방향을 알려주는 일이 아니었습니다.

내 안에 이미 존재하고 있던 진짜 나의 목소리를 듣게 해주는 과정이었습니다.

나는 무엇을 좋아하고, 무엇에 민감하게 반응하며, 어떤 삶을 살고 싶은지 조심스레 마주하게 되었습니다. 그리고 깨달았습니다.

나는 단 한 번도 내 마음을 의심했던 적이 없다는 것을요. 다만, 너무 많은 일들을 혼자 감당하다 보니 내 안의 목소리를 들을 시간조차 없었던 것뿐이었습니다.

그 후 저는 스스로의 선택을 믿는 법을 배우기 시작했습니다.

남들이 옳다고 말하는 길이 아니라,

내가 나를 믿고 선택한 길을 걸어도 괜찮다는 확신. 그때부터 저는 '리더'가 되었습니다.

누구의 리더가 아니라, 나 자신의 리더.

"자기경영리더십은 내가 나를 이끄는 힘입니다"

이 책은 저처럼 20대를 누구보다 치열하게 살아가는 대학생들에게 작은 쉼이자 용기가 되길 바랍니다.

누구보다 최선을 다하고 있지만 가끔은 외로운, 그런 당신의 마음을 따뜻하게 감싸주는 조용한 친구 같은 책이 되었으면 좋겠습니다.

이 책은 '이렇게 하면 성공한다'는 방식이나 누군가가 정해준 계획표를 따르라는 이야기를 담고 있지 않습니다.

오히려, '코칭'을 통해 당신안에 이미 존재하는 가능성과 리더십을 믿으라고 말하는 책입니다.

혼란스럽고 불확실한 시대지만, 당신 안의 중심만은 놓치지 않기를 진심으로 바랍니다.

당신의 삶은 당신만의 방식으로 빛날 자격이 있습니다.

"당신은 이미 당신 인생의 리더입니다"

이 책을 통해 누군가는 다시 자신을 믿게 되기를, 누군가는 용기 내어 한 걸음을 내딛기를,

누군가는 '지금 이대로도 괜찮다'고 스스로를 다독이기를 바랍니다.

삶은 정답을 찾는 과정이 아니라, 나만의 방향을 만들어가는 여정임을 기억해 주세요.

그리고 당신이 그 여정을 온전히 주도할 수 있다는 것을 잊지 마세요.

당신의 가능성을 믿습니다.

그리고 무엇보다,

당신이 당신 자신을 믿을 수 있도록

이 책이 따뜻한 힘이 되어주길 바랍니다.

지은이 김세희 코치가 전합니다.

"진짜 나로 살아가기 위한 첫 문을 열며"

사랑하는 대학생 여러분, 이 책을 통해 여러분과 마주하게 되어 무척 반갑고 기쁩니다.

여러분이 이 책을 펼친 이 순간이, 삶의 중요한 전환점으로 기억되기를 진심으로 바랍니다.

대학 시절은 그 자체로 모순된 시기입니다. 자유롭지만 불안하고, 가능성은 크지만 방향은 흐릿합니다.

"지금 내가 가는 길이 맞는가?' '무엇이 나를 진짜 살아있게 하는가?"

저도 대학 시절에 스스로에게 끊임없이 던졌던 질문입니다.

학점, 대외활동, 자격증, 아르바이트, 어학연수… 분주하게 움직이는데도 마음 한편은 늘 허전했고, 스펙을 쌓을수록 나 자신은 점점 흐릿해졌습니다. 어느 날 거울을 보며 이렇게 중얼거렸던 기억이 납니다.

"나는 지금 어디로 가고 있는 걸까?"

그 질문이 바로 제 인생을 바꾸는 첫 신호였습니다. 그때부터 저는 조금씩 '남들이 옳다고 하는 길'이 아니라, '내가 옳다고 느끼는 길'을 향해 걷기 시작했습니다. 경영학을 전공했지만, 사람을 변화시키는 과정에 더 끌렸고 심리학과 코칭, 그리고 내면의 힘에 대한 공부를 시작하게 되었습니다.

그 여정은 훗날, 평범한 직장인이었던 제가 '사표학교'를 창립하는 데까지 이어졌습니다.
'사표학교'는 단순히 회사를 그만두자는 이야기를 하는 곳이 아닙니다. 타인의 기대와 타성에서 벗어나, 진짜 나로 살아가기로 결정한 이들의 학교입니다. 사표를 품는다는 건, 나를 위한 질문을 시작하는 일이기 때문입니다.

그리고 그 질문의 시작은 사실, 여러분이 지금 겪고 있는 대학 시절의 혼란 속에서도 이미 조용히 싹트고 있습니다. 『대학생을 위한 자기경영리더십코칭』은 그 질문에 여러분 스스로 답을 찾을 수 있도록 도와줄 안내서입니다.

이 책은 단순한 이론서가 아닙니다. 지식을 넘어서 자기 자신을 인식하고, 이끄는 힘을 기르는 실천서입니다. 자기경영은 삶의 주도권을 내 손에 쥐는 일이며, 리더십은 타인과의 관계 속에서 나다운 영향력을 만들어내는 과정입니다.

여러분이 지금 겪고 있는 고민, 혼란, 갈등은 모두 나라는 존재를 다시 설계하는 가장 중요한 자료입니다.

이 책을 통해 여러분은 다음과 같은 경험을 하게 될 것입니다.

- 자기의 강점과 욕구, 감정을 탐색하는 깊은 자기 이해

- 삶의 방향을 명확히 하고, 주도적으로 목표를 설정하는 힘
- 타인과 건강하게 연결되고 소통하는 리더십 역량
- 실패를 두려워하지 않고 시도할 수 있는 회복탄력성
- 진짜 나다운 삶을 살아가려는 내면의 용기

이것이 바로 진짜 자기경영이며, 여러분이 살아가는 이유와 연결되는 '리더십'의 본질입니다.

사랑하는 대학생 여러분, 이 책이 여러분에게 단 하나의 질문이라도 남긴다면 그것으로 충분합니다. 그 질문이 여러분을 삶의 깊은 중심으로 이끌 것이기 때문입니다.

혼자서도 충분히 멀리 갈 수 있다는 것을, 그리고 누구보다도 여러분 자신의 삶을 가장 잘 설계할 수 있다는 것을 저는 여러분을 대신해서 먼저 경험했고 지금은 여러분이 스스로 그 길을 가보기를 진심으로 응원합니다.

이 책이 여러분의 삶에 작지만 강력한 전환점이 되기를 바라며, '진짜 나'로 사는 길을 선택한 모든 이에게 이 글을 바칩니다.

프롤로그

<UN 미래보고서 2030>과 미래학자 토머스 프레이(Thomas Frey)는 2030년까지 현존하는 일자리 중 20억 개 이상이 소멸할 것으로 예측했고, 매킨지 연구소는 현존하는 일자리의 80%가 사라진다는 보고서를 내놓기도 했다. 이러한 시대에 살아남으려면 뭔가 새로운 접근으로 새로운 가치 성과를 만들어 내는 힘을 가져야 한다고 하며, 지금까지의 방법이 아닌 새로운 방법으로 접근해야 한다는 것이다.

4차 산업혁명 시대를 선도하는 인공지능(AI)과 빅데이터, 사물인터넷 등의 기술의 발달로 서로 다른 분야의 기술을 융 · 복합해 새로운 기술을 만들고 있는 것이 현실이다. 이러한 기술의 발달과 융합은 일자리의 개념을 변화시키고 있다. 로봇과 인공지능이 사람의 육체적 노동과 정신적 노등을 대체하는 시대에 '일자리'는 없어지지만 '일거리'는 생겨나고 있다.

다니엘 핑크(Daniel H. Pink)는 '프리 에이전트 시대(Free Agent)' (2001년)라는 이름으로 이미 예고했다. 큰 틀의 조직이 아닌 '내가 하나의 조직'이 되는 프리랜서 세상으로 간다고 했다. 개인의 전문화된 지식, 도구를 사용해 조직에 얽매이지 않고 독창적이면서 창의적으로 일하는 개인의 시대라고 말하는 것으로 '내가 나를 이끌어가는 리더'가 되어야 한다'는 것이다. 그러기 위해서 '나'라는 1인 기업의 사장이 되는 연습이 필요하다.

'Manners maketh man(매너가 사람을 만든다).'

액션 영화 '킹스맨' 주연배우 콜린 퍼스가 정장을 입은 채로 악당들을 혼쭐내며 내뱉은 명대사다. 원래 이 명언은 영국의 신학자이자 정치가 겸 교육자인 위컴의 윌리엄(1324~1404)이 한 말로서, 영국에서는 그가 세운 윈체스터에 위치한 명문 퍼블릭 스쿨인 윈체스터 칼리지의 표어로 더 유명하다.

영어 단어 'Manner(s)'는 예의범절뿐 아니라 행동하는 방식, 태도, 관행, 절차 등을 포괄하는 어휘다. 매너가 필요한 건 사람관계에서만이 아니라, 개인의 존재를 제대로 만드는 것에도 필요하다. '프리 에이전트 시대'에서 '매너'는 중요한 요소이다. 개인은 현재 자신의 생각 · 감정 · 욕구 · 선호 · 행동 등을 있는 그대로 인지하고 수용하며, 스스로 목표를 세워 도전하고, 창의적 발상을 추구해야 하며, 자신을 혁신하려는 노력을 끊임없이 지속해야 한다.

이로 인해 리더십, 특히나 셀프리더십에 주목하고 있다.

이 책은 '내가 나의 리더가 되어 미래 삶을 주도적으로 디자인 해보자'는 취지로 꾸며졌고, 그 방법으로 코칭을 활용했다. 이야기 목적에서 셀프리더십코칭으로 방향을 잡았고, 대상을 대학생 등 청년으로 하면서, 제목을 '대학생을 위한 자기경영리더십코칭'으로 만들었다.

'코칭(Coaching)'이란, (사)한국코치협회(KCA)에서는 '개인과 조직의 잠재력을 극대화하여 최상의 가치를 실현할 수 있도록 돕는 수평적 파트너십이다.'라 정의하며, 국제코칭연맹(ICF)에서는 '고객의 개인적이며 직업적인 잠재성을 최대한 이끌어내도록 생각을 자극하며 창의적인 코치와 고객간의 협력관를 가지는 것이다.'라고 정의한다. 그 시작은 '모든 사람에게는 무한한 잠재력과 가능성이 있으며, 누구나 내면에는 변혁적인 해답을 가지고 있다.'는 것을 인정하는 것이다.

'자기경영리더십코칭(Self-Leadership Coaching for Self-Management)'이란, 개인이 스스로 자신의 삶, 목표, 감정, 행동을 주도적으로 관리하고, 내면의 리더십을 강화해 지속 가능한 성장과 성취를 이끌어내도록 지원하는 코칭 프로세스를 의미한다. '자기 스스로' 자기 비전과 목표를 만들고, 자기를 이해시키고 설득하여 변화시키며, 나아가 기대하는 삶을 살도록 자기를 코칭 하는 것이다. 비전을 만들어 간직하고, 비전을 달성할 수 있다는 믿음을 바탕으로 자신을 설득하고, 지속적으로 비전을 향해 행동한다면 그 비전은 반드시 달성될 것이다. 자기를 변화시키면서 기대하는 미래를 향해 전진하는 것이다.

자기경영리더십코칭을 통해 독자들도 꿈을 달성할 수 있다는 확신과 자신감을 가지고 지속적으로 노력한다면, 행복한 성공을 위한 긍정적 힘을 발휘할 수 있을 것이다.

'대학생을 위한 자기경영리더십코칭'은 다음과 같이 풀어가려 한다.

Ⅰ. 시작하기

의미 있는 사람 되기

Ⅱ. 자기경영리더십코칭 알기

자기영영, 리더십, 코칭에 대해 이해

Ⅲ. 자기 미래 다듬기

나의 특징을 발견하고, 미래 목표 만들고, 직업적 미션 만들기

Ⅳ. 자기 현재 살피기

현재 위치에서 나의 모습은 어떠한지를 알아보기

Ⅴ. 자기를 변화시키기

미래로 가는 길을 그릿으로 실천하기

Ⅵ. 마무리하기

셀프 피드백으로 자기 정리하기

이 책을 읽고, 꿈을 달성할 수 있다는 확신과 자신감을 가지고 지속적으로 노력한다면, 행복한 성공으로 갈 것이다. 자기가 그린 미래 모습이 이루어지도록 오늘 바로 실행에 옮긴다면 분명히 새로운 내일의 삶이 전개될 것이다.

목표 달성을 위해 계획한 행동을 강력하게 실행하고, 나아가 변화되는 모습을 계속 유지하기를 희망 한다. 이 책은 그 과정의 시간을 보다 단축시키는 데 도움 줄 것이라 본다.

차례

I.

시작하면서

자기의 북극성은?

사하라 사막 서쪽에는 사하라의 중심이라 불리는 한 작은 마을이 있다. 매년 적지 않은 여행자들이 이곳을 방문하기 위해 사막을 찾는다.

하지만 레빈이라는 사람이 그곳을 발견하기 전까지는 그 마을은 전혀 개방되지 않은 낙후된 곳이었다.

이 곳 사람들은 한 번도 사막을 벗어난 적이 없었다. 많은 이들이 이 척박한 곳을 떠나고 싶어서 탈출을 시도했지만 단 한 명도 성공한 사람이 없었다.

사람들에게 떠나지 못한 이유를 물었다.

“어느 방향으로 가든 결국은 처음 출발한 곳으로 다시 돌아오더라고요” 라고 대답했다.

그는 이 말이 사실인지 실험해보기 위해 직접 북쪽을 향해 걸었고 3일 만에 사막을 빠져 나왔다.

그렇다면 마을 사람들은 왜 빠져나오지 못한 것일까?

바로 마을 사람들이 모두 북극성의 존재를 몰랐던 것이었다.

레빈은 청년을 데리고 다시 함께 길을 떠났다.

그리고 북극성을 따라 걷다 보면 사막을 벗어날 수 있다고 알려줬다.

청년은 레빈의 말 대로 했고 과연 사흘 만에 사막의 경계지역에 다다를 수 있었다.

그 청년은 훗날 사막의 개척자가 되었고, 개척지 중심에 그의 동상이 세워졌는데, 이런 글귀가 새겨져 있다.

'새로운 인생은 방향을 찾음으로써 시작된다.'

우리 삶에도 북극성이 있다.
많은 사람들이 삶의 북극성을 찾지 못하여 다람쥐 쳇바퀴 돌리는 삶을 살고 있다.
그러나 삶의 북극성을 찾는다면 그 날부터 진정한 삶을 살게 될 것이다.

우리는 21세에 살고 있다. 별자리로 방향을 찾아야 하는 양치기나 항해자가 아니다.
오늘 내 북극성은 어디에 있나?
오늘 내 북극성 같은 인물은 누구인가?

1. 장차 어떤 모습으로 사는 사람이 되고 싶은가?

우리는 '대학에 왜 다니는가?'라는 질문을 많이 받는다. 그에 대한 답으로 '미래의 꿈을 위해서...'라고 흔히 말한다. 보다 현실적으로, '경제적 부를 얻기 위해서...'라고 말할 수 있다. 하지만, 대부분의 학생들은 이유를 모르고 대학에 다니고, 졸업 후에 무엇을 할지 생각하지 않는다. '취업 또는 취직'이라는 단어에 집중하고 있을 뿐이다.
2019년 3월 22일, 통계청은 우리나라의 사회상의 전반에 관한 통계를 종합한 '2018 한국의 사회지표'를 공개했다. 자료에 따르면 2018년 고교졸업자의 대학진학률은 전년보다 소폭 오른 69.7%를 기록했고, 경제협력개발기구(OECD) 국가 중 가장 높다. 한 집 건너 한 명씩 대입 수험생이 있거나, 혹은 가까운 친지 중 누군가는 몇 년 안에 대학 입시를 치른다는 이야기다.
대학은 취업률과 줄세우기식 대학평가가 기준이 되어 전문직업학교로 가고 있는 것은 아닌지 염려가 된다. 정답을 찾는 논술시험, 주어진 범위 안에서 스스로 결정해 공부, 배운 것을 정리하고 암기하는 데에는 익숙하지만, 자신의 이야기를 주도적으로 전개하는 데는 미숙한 것이 우리 대학생이다.

그럼에도 대학이란 무엇이며, 대학에서 교수는 무엇을 가르쳐야 하고, 또한 학생들은 대학에서 무엇을 배워 나가야 하는지에 대한 고민이 계속 이어지고 있다. 대학이란 졸업 이후 단순히 먹고 살만한 곳을 찾기 위한 곳이 아니다. 자신에 대해 제대로 분석하고 자신에게 맞는 일(직업)을 찾는 기회의 시간이 되어야 한다.
평생직장 대신 평생직업이 유행어가 된지도 오래전이 되었고, 이젠 전문성과 역동성이 있는 직업 창출의 시대라 한다. 여기에 맞춰 대학도, 대학생도 달라져야 한다. '어디에서 일하는지?' 대신 '무엇을 하는지?', 더 나아가 '나만이 가진 특별한 역량과 재능으로 무엇을 할 것인지?' 중요하게 여겨야 한다. 미래학자들은 4차산업혁명을 일컬어지는 급격한 기술의 발달과 100세 시대로 표현되는 수명의 연장 등 제반 환경의 변화로 인해 한 사람이 1개 직업으로 1개 직장에서 일하지는 않는다고 했다. 단순히 먹고 살기 위한, 남에게 보여주기 위한 삶이 아닌 자신의 능력을 최대로 발휘하는 자기다운 삶을 만들어야 할 것이다.

교재 뒤쪽, 셀프 피드백의 '지금을 진단해 보자.'에서 '사전 검사' 부분을 채워 보자.

다음의 질문에 답을 해 보자.

✲ 나를 잘 나타내는 단어는 어떤 것들이 있을까? (5개 쓰기)

✲ 선택한 단어로 산다면 남은 대학 생활은 어떻게 되겠는가?

✲ 희망하는 결과는 무엇인가?

✲ 앞으로의 남은 대학 생활을 어떻게 꾸려나가야 하는가?

✲ 단어들을 통합해서 새로운 단어 1개로 압축한다면 어떤 단어가 될까?

나를 잘 나타내는 미래 명함을 만들어보자.

2. 의미 있는 삶을 살자

'의미 있는 삶을 산다는 것은 무엇인가?'

이에 대한 답은 사람 만큼 다양할 것이다.

'의미 있는 삶'이라는 문구는 빅터 프랭클(Viktor Emil Frankl)의 이야기가 떠오른다. 빅터 프랭클 박사는 오스트리아 출신 정신과 의사로 2차 세계대전 중 유대인이라는 이유로 아우슈비츠 수용소에 수감되어 지옥 같은 3년을 보냈다. 그가 수감 되어 있는 동안 아내와 부모, 형제는 강제수용소에서 죽었고, 굶주림과 주위, 잔혹한 폭력과 언제 가스실로 보내질 지 모르는 죽음의 공포에 떨어야 했다. 빅터 프랭클 박사는 그러나 절망적인 상황에도 불구하고 사람이 어떤 태도로 삶을 대하느냐에 따라 '의미 있는 삶'이 가능함을 경험했다. 빅터 프랭클 박사는 말로 표현할 수 없을 정도로 처참한 환경 속에서도 사람이 얼마나 강인해 질 수 있는지, 그러면서도 서로를 배려하고 인내하며 의미 있고 위엄 있는 삶이 얼마든지 가능하다고 이야기 한다.

삶의 목적은 행복에 머물지 않고 '의미 있는 삶'에 있다. 무엇이 의미 있는 삶인지는 스스로 찾아야 한다. 큰 욕심 부리지 않고 소소한 일상을 '평범하게, 그러나 선하게' 살아가는 사람이 있다. 특별한 것은 없지만 착하게 살아온 삶 그 자체에서 의미가 있음을 느끼게 된다. 다른 한편으로, 실제로 더 많은 사람들이 기록하며 이야기하고, 꾸준한 관심과 존경을 주는 사람은 업적을 남긴 사람, 이른바 '성공한' 사람이 있다.

미국의 긍정심리학 연구자인 에밀리 에스파하니 스미스(Emily Esfahani Smith)는 예나 지금이나 흔들림 없이 살아가는 이들을 연구했다. 그 결과물로서 '어떻게 나답게 살 것인가?'를 썼다. 아리스토텔레스, 석가모니, 마하트마 간디, 빅터 프랭클 등 중요한 역사 인물 이야기를 집대성하고 500명이 넘는 현대인을 대면 조사해 자기답게 사는 사람들의 공통점을 찾아냈다.

그 공통점은 '행복한 삶'이 아니라 '의미 있는 삶'을 추구한다는 것이었다. 그들은 내면에 단단히 뿌리내린 의미의 기둥이 흔들림 없는 삶을 살고 있었다.

행복을 추구하는 것과 의미를 추구하는 것이 어떻게 다를까?

행복을 좇는 사람은 오히려 불행해진다. 현대사회에서는 행복의 조건이 좋은 직장 · 집 · 배우자를 얻는 것, 즉 성공과 연결돼 있기 마련이다. 그러다 보니 행복해지는 과정에서 필연적으로 타인과 자신을 비교하게 된다. 그 결과, 물질적으로 풍요로운 시대임에도 전 세계적으로 우울증과 자살률이 치솟는다. 실로 안타까운 아이러니가 아닐 수 없다.

의미를 추구하는 삶은 눈에 보이는 행복이나 편안함 · 안정감에 집착하지 않는다. 현실을 있는 그대로 받아들이면서, 자기 존재 이유를 스스로 찾고 타인에게 기여 하는 방향으로 나아가고자 한다. 이때 그 방향이 돼주는 게 '자기가 사는 이유', 곧 '자기 삶의 의미'다.

에밀리 에스파하니 스미스(Emily Esfahani Smith)는 저서 <어떻게 나답게 살 것인가>에서, '의미 있는 삶'을 꾸려나가는 데는 '유대감'과 '목적', '스토리텔링', '초월' 등 네가지가 필요하다고 했다.

'유대감'은 가족 · 친구 · 동료 · 연인 등 긴밀한 대상과 맺는 관계에서 느끼는 소속감이며, 양질의 관계 맺기는 의미를 만들 수 있다. '목적'은 가치 있다고 느끼는 일을 함으로써 세상에 기여 하는 만족감을 얻는 것이다. 일상과 일에서 목적을 발견하는 능력은 의미를 만드는데 중요한 역할을 한다. '스토리텔링'은 자기 이야기를 주도적으로 편집하는 한편 남의 이야기에도 공감함으로써 자기 삶을 긍정해보는 과정이며, 결국 자신이 한 이야기 대로 살게 된다. 마지막으로 '초월'은 자기 한계를 뛰어넘는 기쁨을 경험하는 일이다.

삶의 이유를 확실히 알고 있고 목적의식이 강한 사람은 삶에서의 장애물이나 시련이 나타나더라도 좌절하지 않는다. 목적의식이 성공을 부르는 것이다.

대학생활 동안 해 보고 싶은 것(10가지 기록하기)

①

②

③

④

⑤

⑥

⑦

⑧

⑨

⑩

3. 삶은 목적지가 아닌 여행이다.

빌리 그레이엄(Billy Graham)의 책 <인생>에서 삶은 여행이라 한다. 다른 모든 여행처럼 삶이라는 여행도 시작이 있다. 물론 '나'에게는 삶에 관한 선택권이 전혀 없었다. 하지만 사람은 태어나는 순간 하나의 여정을 시작하며, 그것은 삶의 여정, 인생 여정이다. 그리고 다른 모든 여행처럼, 삶의 여정도 끝이 있다. 출생과 죽음을 피할 수 없듯이 여정의 중간 부분도 피할 수 없다.

우리는 삶의 여정을 걸어가면서, 자기 스스로가 길을 찾아가고, 자기다움의 차이를 만들어 가는 여행을 한다. 삶 여행에서의 가치는 저마다의 행복한 삶을 위한 것임은 공통적이라 말할 수 있다. 그런데 그 과정은 고통의 연속이다. 이렇게 볼 때, 고통은 기본이고, 행복은 선물이라 할 수 있다. 여행 목적지에 도착하기 위해서는 출발해야 하며, 과정에서는 고통도 있지만 행복도 즐길 수 있다. 삶의 여행에서 본다면 삶의 목적, 꿈과 희망을 향해 걷기를 시작해야 하며, 그리고 목적을 이루기 위한 도전을 해야 한다.

지금까지 '내가' 누구든, '나의 삶'이 어떠했든, '나'의 남은 삶의 여정은 달라질 수 있다.

삶을 살아가는 과정에 따라 달라진다. 그 과정은 자신의 외부적 요인인 운명에서 오는 경우와 자기 자신의 도전과 노력이라는 내부적 요인에 의한 성취를 통해서 온다. 운명에서 오는 행복은 자신의 의지와 관계없이 이루어지기 때문에 그 가치가 매우 작을 수밖에 없다. 부모에게 물려받은 숙명적 재산이나 우연한 복권당첨처럼 운명적 일확천금이 일시적으로 행복을 주지만 자신의 삶을 가치 있게 만들지는 못한다.

자신의 도전과 노력으로 만들어지는 행복은 그 중심에 자기 가치가 있고, 이를 통해서만 행복한 삶을 만들 수 있다. 니체의 "비켜라 운명아. 내가 나간다."는 말이 젊은이들에게 2차 대전의 폐허와 좌절을 딛고 스스로 일어설 용기를 주었던 것처럼, 삶이 주는 진정한 행복은 자신의 의지가 담긴 도전과 노력에 의한 성취를 맛볼 때 얻어진다. 그 결과물로서 성공과 출세라는 사회적 평가가 이루어진다.

삶의 여행을 시작하면서, 여행을 하는 동안 여러 고민을 한다. 꿈꾸지 않으면 희망도 없다. 떠나지 않으면 그곳에 무엇이 있는지 영원히 모른다. 어떻게 하면 행복한 삶의 여정, 즉 우리의 여행 목적을 충실히 성취하는 여정이 될 수 있는가? 미리 준비한다는 차원에서 다음 질문을 고민해 보자.

✲ 내 삶 여행의 끝은 어떤 모습이 되길 희망하는가?

✲ 끝을 향해 가는 동안 나는 어떤 마음 자세를 가지겠는가?

✲ 여행을 하는 동안 여러 번의 선택을 해야 하고, 그것도 나 자신이 해야 한다. 그 선택을 위한 기준은 무엇으로 할 것인가?

✲ 여행 중, 예상되는 어려움으로는 무엇이 있으며, 그 어려움을 헤쳐 나갈 방법은 또 어떤 것이 있을까?

✲ 나는 여행을 하면서 어떤 스토리를 만들것인가?

✲ 여행의 결과로 내가 얻은 이익은 무엇이 있겠는가?

✲ 그러면, 삶을 여행을 어떻게 꾸며 보겠는가?

삶은 여행이다. 우리 의식과 존재는 머무르지 않고 끊임없이 움직인다. 도전과 노력은 삶의 보람이라고 느끼는 사람에게 불가능은 벽이 아니라 계단이다. 한 계단씩 밟아 올라갈 때의 고통을 이겨내고 그 과정에서 행복을 얻을 것이다. 현재를 사는 모두가 삶 여행의 참맛을 느낄 수 있기를 기대해 본다.

II.

자기경영리더십코칭 알기

힘과 용기의 차이

데이비드 그리피스(David Griffith)

강해지기 위해서는 힘이 필요하고
부드러워지기 위해서는 용기가 필요하다

자신을 방어하기 위해서는 힘이
방어자세를 버리기 위해서는 용기가

이기기 위해서는 힘이
져주기 위해서는 용기가

확신을 갖기 위해서는 힘이 필요하고
의문을 갖기 위해서는 용기가 필요하다

조화를 이루기 위해서는 힘이
전체의 뜻을 따르지 않기 위해서는 용기가

다른 사람의 고통을 느끼기 위해서는 힘이
자신의 고통을 마주하기 위해서는 용기가 필요하다

자신의 감정을 숨기기 위해서는 힘이
그것을 표현하기 위해서는 용기가

학대를 견디기 위해서는 힘이 필요하고
그것을 중단시키기 위해서는 용기가

홀로서기 위해서는 힘이 필요하고
누군가에게 기대기 위해서는 용기가 필요하다

사랑하기 위해서는 힘이
사랑받기 위해서는 용기가

생존하기 위해서는 힘이
삶을 살기 위해서는 용기가 필요하다.

1. 리더십 패러다임

리더십(leadership)이란 무엇인가?

리더십이란 어떤 것이란 생각하는가?

그 답은 하나가 아니다. 스톡딜(Stogdill, 1974)은 "리더십의 정의는 리더십을 정의하려는 사람의 수 만큼이나 많다."라고 할 정도다. 일반적으로 리더십은 인적자본의 중심인 사람의 상호관계를 바탕으로 하는 가장 가치 있는 개념이며, 리더십에 대한 정의는 하나의 통일된 개념보다는 연구자의 목적이나 관점, 시간적 흐름에 따라 다양하게 발전되어 왔다.

리더십을 사전에서는 지도력이라 하면서, 조직의 목적을 달성하기 위해 구성원들을 일정한 방향으로 이끌어 성과를 창출하는 능력으로 정의되어 있다. 우리말로는 지도력, 지도의 과정, 지도자의 정신, 지도자의 역할, 지도력의 발휘, 지휘통솔 등으로 다양하게 해석되고 있다.

수많은 리더십의 이론들을 기반으로 리더십을 한마디로 정의한다면, 리더십은 '영향력'이라 말할 수 있다. 다양한 리더십 정의에서 영향력 행사의 주체와 대상은 누구이며, 영향력을 행사하는 목적이 무엇이고, 영향력 행사방법이 어떤 것인가 하는 것들을 포함하여 여러 가지 측면에서 차이가 있지만, 거의 대부분이 상대방에 의해 행사되는 영향력에 초점을 두고 있음을 알 수 있다.

현대사회는 획일적인 사고방식과 조직 구조에 근거하여 조직성과를 쫓아가는 조직 분위기와는 달리 엄청난 양의 정보와 지식, 급변하는 기술과 더불어 높은 수준의 자아, 신뢰, 독립성과 같은 개인의 의식도 중요시 되고 있다. 리더십이 과거에는 소수 리더들만의 관심사였으나 지금은 개개인 모두가 갖추어야 하는 필수적 능력으로 되고 있어, 리더십을 바라보는 패러다임이 변화되고 있다.

또한, 리더십에 대한 여러 가지 정의들은 사람이 상대방에 대해서 뿐만 아니라, 자기 자신(self)에 대해서도 영향력을 행사할 수 있다는 측면을 정의하고 있다.

우리가 어느 누군가에게라도 영향력을 주고 있다면 이미 리더이다. 우리 자신 스스로에게 영향력을 주고 있는 우리는 셀프리더가 되었다.

1) 리더(Leader)와 리더십(Leadership)

(1) 리더란 어떤 사람인가?

'리더(Leader)란 말을 한마디로 정의하면 뭘까?'

이 질문을 던지면 대부분은 마치 '삶이란 무엇인가?'란 철학적 질문을 접한 듯 당황한 표정을 짓거나 고개를 숙인다. 또는 "리더는 리드 하는 사람이죠."라고 농담을 한다.

사전적으로 리더는 조직이나 단체 등에서 이끌어 가는 위치에 있는 사람 또는 지도자라고 정의하고 있다. 리더는 lead(앞서다, 앞지르다, 지도하다)의 명사형으로 앞선 사람, 지도 하는 사람, 선도하는 사람이란 뜻이다.

리더란 조직에서의 리더십(지도적 기능)이라는 관점과 연계되며, 인기 있는 어떤 사람이나 대표자, 권위자 등과는 구별되어야 한다. 리더에게는 조직의 방향을 잡는 일, 조직의 궁극적인 목적지를 정하고 알리는 것이 중요한 역할이다.

리더는 목표 달성을 위해 문제를 해결하는 사람이며 다른 사람들을 이끄는 사람이라 말할 수 있다. 리더의 역할은 각자의 위치에서 목표관리, 조직구성원의 동기부여, 발생한 문제를 제대로 파악하고 해결하기, 구성원들의 지속적인 활동을 위한 노력을 해야 한다. 또한 리더의 영향력을 긍정적으로 행사해 조직의 변화를 이끌어 내야 한다.

리더란 목표를 제시하고, 이 목표에 대해 구체적으로 설명하고, 왜 이 목표를 달성해야 하는가를 의사소통을 통해 설득하고 납득시키며, 리더 자신이 그 목표 달성을 향해 솔선수범하여 열심히 일하는 사람이다. 간단히 요약한다면, 목표 달성을 위해 사람들을 이끄는 사람이라고 말할 수 있다.

리더는 타고나는 것이 아니라 학습을 통하여 발달되므로 모든 사람들이 학습을 통해 리더십을 발달시켜야 하며, 나아가 자기 스스로에 대한 리더가 되어가야 한다.

좋은 리더는...

- 자신이 직접 일을 추진하고, 일이 잘 안되었을 때의 모든 책임을 자신에게 돌린다.
- 한 사람 한 사람이 조직을 위해 최선을 다하도록 열정을 불어 넣는다.
- 자신의 대우에 신경쓰기 보다는 구성원들의 마음이 불편한 것이 없는지 살핀다.
- 구성원들의 결과에 대해, 잘못된 것을 지적하기 보다는 합리적으로 교정해 준다.

좋은 리더가 갖추어야 할 5가지 덕목

※ 뚜렷한 비전이 있다.

※ 열정, 도전, 긍정 등의 태도가 있다.

※ 구성원들을 동기부여 한다.

※ 열린 마음이 있다.

※ 높은 인격과 공감 능력이 있다.

(2) 리더십 (Leadership)이란 무엇인가?

리더십은 일상생활에서 지도력, 통솔력 등으로 표현되고 있으며, 조직 목표를 달성하기 위하여 개인이나 조직을 일정한 방향으로 움직이게 하여 성과를 창출하는 영향력이다. 리더가 일정한 상황에서 다른 조직이나 집단의 구성원들에게 영향을 미쳐 공통의 목표를 달성하는 데 영향력을 행사하는 모든 과정이다. 이때 구성원들이 리더의 영향력을 얼마나 받아들이는가에 따라 리더십의 힘도 다양하다.

리더십의 본질은 그 성과에 달려 있다. 리더십 그 자체로서는 좋은 것 또는 바람직한 것도 아니고 하나의 수단이다. 그러므로 '어떤 목적을 위한 리더십인가?' 하는 것이 중요한 문제이다. 공동 목표를 달성하기 위하여 리더가 집단 또는 조직의 구성원들에게 영향을 미치는 과정이 리더십이다.

이러한 리더십의 정의가 실현되려면 리더는 조직의 구성원들이 자원하여 목표성취에 헌신하도록 동기를 부여해야 한다. 또한, 리더는 구성원들에게 활력소를 불어 넣으며, 탁월성을 추구하고, 조직을 발전시켜 나가야 한다. 한 걸음 더 나아가 21세기의 사회는 모든 사람들이 준비된 리더가 되도록 요구하며, 이러한 리더십이 요구되는 순간에 리더십을 발휘하기 위하여 스스로에게 영향력을 행사하도록 준비를 해야 한다.

리더십이 갖추어야 할 요소들

- 진실이 담긴 살아 있는 비전
- 단호한 의사결정능력
- 집중력
- 대인관계
- 강하면서도 부드럽게 사람을 다루는 기술
- 의사소통능력
- 진취성

2) 리더십의 변화

세상은 '새로운 변화가 밀려오고 있다'라는 말에 익숙해 있고, 또 세상은 새로운 변화를 이어가고 있으며, 변화는 필연이 되었다. 과거에 경험하지 못했던 변화가 우리 곁에 이미 와 있고, 또 다가오고 있다. 그 이름은 '4차산업혁명의 변화'이고, 우리의 삶에 근본적인 변화를 가져오고 있다.

조직도 예외는 아니다. 사회환경이 변화하고 있고, 조직이 변하고 있고, 조직구성원이 변하고 있다. 전통적인 리더십으로는 변화와 동행하기가 힘들어졌다. 변화의 소용돌이 속에서 리더의 역할은 더욱 중요해졌고 리더십의 변화는 필수가 되었다.

(1) 자기의 리더십 스타일은?

모든 사람은 자기 나름의 리더십을 가지고 있다. 조직에서 지도자가 리더십을 발휘하듯이 개인 삶에서도 자기 리더십을 발휘한다. 그때 리더십을 발휘하는 스타일은 사람마다 다르다. 리더십 스타일에는 지시를 주로 하는 '명령가' 스타일이 있고, "나처럼 해! 나는 예전에 이렇게 했어!"라고 말하면서 자신의 사례를 영웅담처럼 말하는 '영웅' 스타일이 있다. 그런가 하면 주로 가르치는 '선생' 스타일이 있고, 스스로 생각하고 행동하게 돕는 '코치' 스타일이 있다.

평소에 어떤 리더십 스타일을 사용하는지, 각 칸에 수치를 넣어 점검해 보자.

리더십 스타일	나의 리더십	이상적 리더십
명령가(지시하다)	%	%
영웅(나처럼 하라)	%	%
선생님(가르친다)	%	%
코치(스스로 책임지도록 돕는다)	%	%
합 계	100%	100%

※ 전체 빈도가 100%가 되도록 각 스타일에 해당하는 빈도를 적는다.

✲ 자신이 실제 생활에서 보여진 리더십 스타일 사례를 기록해 보자.

(2) Manz & Sims의 리더십 유형

리더십 이론의 발달과정은 연구자들이 접근하는 개념적 정의에 따라 다양하게 연구되었지만, 연구의 초점은 리더십 효과성에 대한 요인을 밝히고 이를 촉진시킴으로써 리더십의 영향력을 높이는데 중점을 두었다. 1970년대까지 리더십 연구는 전통적인 이론인 특성론, 행동론, 상황론 등이 지배적 연구영역이었지만, 급속한 사회적 환경변화와 불확실성의 강화로 1980년대 이후에는 리더십의 새로운 패러다임이 형성되었다. 현대 리더십에 관한 연구는 조직구성원들이 조직을 위해서 자발적으로 행동하고 그러한 행동이 성과로 나타나게 하는 방법에 초점을 두고 있다. 이에 따라 진정한 리더십으로의 드러남은 외부로부터가 아닌 부하 내부로부터 비롯된다는 시각이 대두되었다. 이는 리더십의 관점이 리더가 주도하여 부하에게 영향력을 발휘하기 보다는 리더가 부하에게 도움을 주거나 촉진함으로써 부하 스스로 영향력을 행사할 수 있도록 하는 수평적인 리더십을 의미한다(Manz & Sims, 1991).

Manz와 Sims(1991)는 리더십 유형을 역사적인 맥락에서 분석했는데, 1920~30년대에는 강력한 지도자가 지배했고, 2차대전 후에는 거래적 리더가, 현재는 비전 제시형이 대표적인 리더십 유형인데, 앞으로 수퍼리더가 중심이 될 것이라 했다.

강자형 리더(Strong Man Leader)는 카리스마와 권위적인 모습을 통해 조직을 이끌며, 주로 강력한 리더십으로 목표 달성을 추구하며, 조직 구성원들에게 명령하고 통제하며, 목표 달성을 위해 개인의 능력과 의지를 최대한 활용한다. 독재적 관점에서 리더의 힘을 강조하고 있다. 거래적 리더(Transactional Leader)는 목표 달성에 대한 보상과 처벌을 통해 구성원들의 행동을 유도하며, 명확한 목표 설정과 성과에 따른 보상 체계를 통해 구성원들의 동기 부여를 유도한다. 비전제시형 리더(Visionary Leader)는 조직의 비전과 목표를 명확히 제시하고, 구성원들의 공감을 얻어 조직의 나아갈 방향을 제시하며, 구성원들에게 동기 부여를 제공하고, 조직 전체의 방향성을 제시하여 목표 달성을 위한 노력을 집중시킨다. 슈퍼리더(Super Leader)는 구성원들이 스스로 리더가 될 수 있도록 육성하고, 셀프 리더십을 발휘하도록 돕고, 구성원들에게 필요한 지식과 기술을 가르치고, 자율적인 의사 결정과 문제 해결 능력을 키워준다.

구분	강자형 리더십	거래적 리더십	비전제시형 리더십	슈퍼 리더십
초점	명령	보상	비전제시	셀프리더
권한 유형	직위, 권한, 강제	보상	상호관계, 영감공유	위양, 공유
지도력 원천	리더 자신	리더 자신	리더 자신	대부분 부하, 그리고 리더
전형적인 리더의 행동	명령과 지시, 목표의 할당, 위협과 징계	상호적 목표설정, 개인적 · 물적 보상, 상황적 처벌	리더의 비전에 대한 의사소통, 리더의 가치 강조, 권고, 영감을 주는 설득	슈퍼 리더십에 이르는 7단계
구성원 반응	공포에 의한 복종	계산적인 복종	리더의 비전에 근거한 감성적 몰입	주인의식에 기초한 몰입

출처 : 리더십유형이 조직몰입과 조직시민행동에 미치는 영향에 관한 연구, 김삼영 · 한인수, 노사관계 연구, 2010년

(3) 슈퍼 리더십(Super Leadership)

Manz와 Sims는 슈퍼리더십을 통해 구성원들이 스스로 리더십을 발휘할 수 있도록 하는 리더십이 현대 사회에서 중요하다고 강조했다.

슈퍼리더십은 사람들이 스스로 자신을 지휘하게 만드는, 조직 구성원을 자율적 셀프 리더로 만드는 리더십이다. 슈퍼 리더십은 1980년대 미국 기업들의 국제 경쟁력 향상을 위한 경영혁신 방안으로 Manz & Sims(1991)에 의해 개념과 이론이 체계화되었다. 리더의 입장에서 조직구성원들에게 일방적인 지시를 내리기보다는, 구성원 각자에게 권한을 위임하여 구성원 스스로 통제하며 필요한 결정을 내리고 리드하는 능력을 촉진하고 지원하는 것이다.

여기서 슈퍼(Super)란 단어는 어떤 것을 뛰어나게 하는 지혜나 능력을 의미한다. 리더 자신뿐만 아니라 다른 사람들의 잠재 능력과 최선의 노력을 끌어내는 것을 가리키는 것이다. 슈퍼 리더십은 잠재능력과 최선의 노력을 끌어낼 수 있도록 개개인에게 자율권을 부여하는 리더십이다.

급속한 변화와 더불어 복잡해지며 세분화 되어 가는 21세기에는 보다 다양한 삶의 방식과 전문적인 지식을 갖춘 구성원들의 자율적인 판단과 역할이 더욱 필요해졌으며, 이러한 구성원들을 리드하고, 조직변화의 필요성과 환경변화에 적응하고자 새로운 리더십이 요구 되는 것이다. 급변하는 경영환경 속에서 엄청난 양의 정보를 기반으로 하는 업무에서 효과적으로 관리하기 위해서는 구성원들에게 자율성과 전문성을 부여하는 수평적 리더십이 필요하다.

따라서 21세기에 요구되는 리더는 다른 사람을 이끄는 사람이 아니라 다른 사람들이 업무를 잘 추진할 수 있도록 서비스를 제공하거나 지원하는 사람으로의 리더이다. 자신이 처한 상황을 자기 스스로 처리할 수 있도록 도움을 줌으로써 구성원들의 참여를 극대화할 수 있는 리더십이 가장 강력한 리더십이며, 이에 적합한 리더십이 슈퍼 리더십이라 할 수 있다.

3) 자기의 리더십 유형은?

아래의 각 문항을 읽고, 자신의 행동에 해당 되는 정도를 점수로 표시한다. '매우 그렇다'면 '5점', '대체로 그렇다'면 '4점', '보통'이면 '3점, '대체로 아니다'면 2점, '전혀 아니다'면 1점으로 기록한다.

※ 너무 깊이 생각하지 말고, 평소의 자연스러운 자신의 모습을 생각하며 떠오르는 대로 응답한다.

문항	점수
1. 자신을 내세우지 않고, 공동의 이익을 위하여 적극 협조한다.	
2. 쾌활하고 유머감각이 있으며 분위기 메이커라는 말을 자주 듣는다.	
3. '단골이 늘었다'보다 '단골이60명 늘었다' 처럼 숫자나 데이터를 많이 사용 한다.	
4. 일을 하다 보면 어느새 내가 주도하는 경우가 많다.	
5. 사람들 앞에 나서기 보다 전체 의견에 동참하며 협조한다.	
6. 사람들과 어울리기를 좋아하며, 낯선 사람에게도 대화하기를 즐긴다.	
7. 자료관리, 노트정리, 정리정돈을 잘하며 사람들로부터 정확하다는 소리를 많이 듣는다.	
8. 의견을 말할 때 에둘러 말하기 보다 단도직입적으로 말한다.	
9. 상대방의 의견이 마음에 들지 않아도 경청하고 공감해 준다.	
10. 주변 사람들로부터 명랑하고 활기차다는 소리를 많이 듣는다.	
11. 일을 추진할 때 계획을 미리 상세하게 수립하고, 계획을 철저히 준수한다.	
12. 각종 조직 활동에서 회장, 팀장 등 간부가 되는 것을 좋아한다.	
13. 사람들의 가슴 속 욕구나 고충을 잘 파악하고 이의 해결을 도와준다.	
14. 말을 재미있게 잘 하며, 말을 하면 다른 사람들이 즐거워한다.	
15. 의사결정시 규정, 통계, 선례 등 객관적인 근거를 매우 중시한다.	
16. 주관과 가치관이 확고하며, 이를 타인의 눈치보지 않고 분명하게 말한다.	
17. 다른 사람의 부탁을 거절하지 못하여 남의 일을 떠 안는 경우가 많다.	

문항	점수
18. 매사를 낙천적으로 보며, 비관적이거나 심각하게 생각하지 않는다.	
19. 원칙과 기준은 누구에게나 똑같이 적용하며, 자신도 엄격하게 준수한다.	
20. 사람들의 반대에 부딪혀도 후퇴하지 않고 끝까지 과제를 추진한다.	
21. 마음이 상해도 상대에 상처를 주지 않으려고 화를 표출하지 않는다.	
22. 미래를 걱정하지 않고, 현재를 즐겁게 생활한다.	
23. 일은 빨리 하기 보다, 꼼꼼하고 정확하게 처리한다.	
24. 문제 상황에 일단 행동부터 시작하고, 세부대책은 나중에 강구한다.	
25. 찬반이 분분하면 내 주장을 자제하고 다수 의견을 따른다.	
26. 다른 사람에게 칭찬과 격려의 말을 많이 해 준다.	
27. 문제의 답을 찾을 때에 사람들과 토론하기보다 조용히 명상하고 생각 한다.	
28. 판단이 애매한 경우에도, 의사결정을 빠르게 내린다.	
29. 토론할 때 주로 듣는 편이며, 반대의견은 가급적 말하지 않는다.	
30. 다른 사람들이 생각하지 못하는 창의적 아이디어를 자주 제안한다.	
31. 구체적인 계획을 수립한 후에 계획에 따라 행동에 착수한다.	
32. 나의 울타리 안에 있는 사람은 부족해도 내치지 않고 끝까지 보호한다.	

출처 : 조직리더십코칭원 김영기 박사

✲ 점수 집계표_ 각 질문의 점수를 아래의 칸에 맞추어 분류한 후, 세로로 합산한다.

Relator	Energizer	Analyst	Director
1.	2.	3.	4.
5.	6.	7.	8.
9.	10.	11.	12.
13.	14.	15.	16.
17.	18.	19.	20.
21.	22.	23.	24.
25.	26.	27.	28.
29.	30.	31.	32.
합계: (　　)	(　　)	(　　)	(　　)

각 유형별 특징

✲ Relator(관계중시자)

타인배려, 갈등경계, 경청과 타인수용, 공동이익. 인화단결을 중시하며, 조용하고 충실하게 일한다. 다른 사람의 요구를 잘 들어주며, 돕고 지원한다. 참을성을 보이며, 흥분한 사람을 진정시킨다. 안정되고, 조화로운 업무환경을 만든다.

✲ Energizer (분위기 메이커)

낙천적, 대화능력, 친화적 성격, 창의적 생각. 낯선 사람들과도 대화분위기를 트고 밝은 환경을 조성한다. 유머가 많고 사람들을 즐겁게 한다. 일이나 관계에서 낙관적이고 긍정적이다. 그룹 활동을 좋아하며, 사람들과 협조적 관계를 잘 만든다.

✲ Analyst (분석가)

신중함, 침착함, 실수가 적음, 숫자 등 객관적 기준 중시. 정확하고 실수가 없으며, 신중하고 꼼꼼하게 일한다. 분석적이고 객관적 근거를 바탕으로 정확성을 점검한다. 중요한 지시나 기준을 중시하며,세부사항도 체크한다. 사람들의 주장이나 요청에도 객관성과 규정을 준수한다.

✲ Director (지휘자)

주도적, 지도자, 추진력, 자기주장, 행동실천. 다른 사람들에 지도력을 발휘하여 어려운 문제를 해결한다. 의사결정이 빠르고, 세부 계획보다 행동에 먼저 착수한다. 골격이나 핵심사항에 치중하며, 결과를 빠르게 얻는다. 도전을 받아들이고, 실수가 있을 때 책임을 진다.

💡 **각 유형별 관계**

	내가 좋아하는 사람	내가 싫어하는 사람
R	상대를 존중하며 말하는 사람 상대방의 기분을 챙겨주는 사람 남의 말을 끝까지 경청해 주는 사람 사소한 일이라도 챙겨 주는 사람 남을 배려하고 격려해 주는 사람	회의나 대화에서 의견을 강요하는 사람 남에게 상처 주는 말을 하는 사람 다른 사람의 고충에 무관심한 사람 의견을 강요하는 사람 상대방의 기분을 무시하고 말하는 사람
E	밝은 인사를 잘하는 사람 Reaction이 좋고 잘 웃는 사람 공감하고 호응해 주는 사람 외모 등 작은 것도 칭찬해 주는 사람	부정적인 말과 행동을 하는 사람 회식 때도 업무 이야기하는 사람 직장 분위기를 어둡게 하는 사람 "힘들 것 같습니다" 등 소극적인 사람
A	계획과 행동 등에서 구체적인 사람 합리적이고 일관성이 있는 사람 일 처리에 꼼꼼한 사람 자신의 일에 책임감이 있는 사람 말에 신중하고 신뢰감이 있는 사람	지시나 일정을 자주 변경하는 사람 신중하지 못하고 덜렁거리는 사람 일에 치밀하지 못한 사람 근거가 없이 강하게 주장하는 사람 시간 관리, 약속 등에 정확하지 않은 사람
D	업무 해결에 속도가 빠른 사람 말보다 행동으로 보여주는 사람 "제가 해 볼게요" 도전하는 사람 주변 사람의 실수까지 책임지는 사람 문제해결에 주도적으로 나서는 사람	자기 의견이 불분명한 사람 잘못을 인정하지 않고 변명하는 사람 면전에서 말 못하고 뒤에서 불평하는 사람 우유 부단하여 행동이 늦은 사람 일을 시키면 시간이 오래 걸리는 사람

4) 자기경영리더십(Self-Management Leadership)

2020년 초부터, 최근 신종 코로나바이러스 감염증(코로나19) 공포가 지구촌을 뒤덮었고, 그 과정서 '팬데믹(Pandemic)'이란 용어가 세계인의 주요 관심사로 떠올랐다. 팬데믹은 그리스어로 팬(pan)은 '모두', 데믹(demic)은 '사람'을 의미한다. 말 그대로 모든 사람이 감염된다는 뜻이다. 팬데믹이란 세계보건기구(WHO)가 선포하는 감염병 최고 경고 등급으로, 세계적으로 감염병이 대유행하는 상태를 말한다.

윤대현 교수(서울대병원 정신건강의학과)가 조선일보에 올린 글이다. 코로나 확진자가 다시 증가하면서 또 사회적 거리 두기가 시행되는 것은 아닌가 하는 걱정과 짜증이 섞인 호소를 듣는다. '사회적 거리 두기'는 '우리의 안전'이란 가치를 위해 구성원들이 경제적 희생 등을 감수하며 '나'의 자율성을 양보했기에 가능했던 이타적 행동이다.
'문화적 견고함(Cultural tightness)'이 단단한 나라가 느슨한 나라에 비해 코로나로 인한 감염과 사망자 수가 적었다는 연구가 있다. 집단의 가치를 위해 개인의 자율성을 양보하는 문화적 견고함은 위기 상황을 대처하는 데 긍정적인 영향을 미친다.
여기서 정보를 총괄하고 메시지를 전달하는 리더십의 역할이 적절하지 않으면 부조화(mismatch)를 일으킬 수 있다는 주장이 있다.
예를 들면 팬데믹 위기 상황에서 리더십이 "안심해라. 그냥 지나갈 것이다"라는 식의 메시지를 반복적으로 던지면, 실제 위기의 정도와 이에 대응하는 데 필요한 문화적 견고함 사이에 부조화가 일어날 수 있다. 반대로 과도한 위기 부각 메시지는 지나치게 사회를 위축시킬 수 있다.
눈에 보이지 않는 바이러스부터 글로벌 경제위기까지 스트레스가 최고조인 상황이다. 일반적으로 이런 상황에선 문화적 견고함을 이끌어낼 강력한 리더십에 대한 기대가 증가한다고 한다.
하지만 현재는 그 어느 때보다도 개인의 다양성에 대한 존중과 수용이 요구되는 시기이기도 하다. 한쪽으로 치우치지 않는 정확한 피드백을 받을 수 있는 시스템과 수용성이 요구되고, 리더는 정확한 정보를 구성원들에게 전달하는 것이 중요한 시기이다.

현대사회의 조직은 정보와 지식, 기술, 높은 수준의 자기 신뢰, 독립성 등과 같은 내면적 능력이 강조되고 있다. 통제와 지시를 강조하는 전통적인 리더십에서 개인 스스로의 자율성과 지도력으로 높은 성과를 내면서, 주변인에게도 긍정적인 영향을 끼치는 리더십이 중요시되고 있다. 한 명의 리더를 중심으로 이루어지는 명령, 지시, 통제에서 벗어나 구성원 모두의 협력, 의사소통, 동기유발이 중시되는 강조하는 방향으로 변화되고 있다. 게다가 조직구성원 개개인이 자기개발, 자기관리, 자아실현 등을 이루어 가면서 자발적인 행동을 이끌어 내는 것이 조직의 성과향상에 효과적이라 한다. 이른바 자기경영리더십이 중요 요소가 되는 시대다.

(1) 자기경영(Self-Management)이란?

자기경영은 경영학자 피터 드러커(Peter F. Drucker)가 〈Managing Oneself〉(1999)에서 사용하기 시작한 용어인데, 개인이 자신의 삶을 기업처럼 관리하고 발전시키는 것이다. 피터 드러커가 제안한 자기개발, 자기관리, 자아실현을 포괄하며, 기업경영의 원리를 개인의 삶에 적용하는 경영학의 개념이다. 피터 드러커가 개인 커리어 개발에 기업경영의 개념을 처음 접목시켜 "자기경영을 통하여 개인은 기업처럼 자신을 대표할 수 있는 브랜드를 만들어야 한다."고 강조하고, "성공적인 자기경영을 통하여 시장에서 자신의 가치를 높여야 한다."고 주장하면서, 자기경영은 발전하기 시작했다.

피터 드러커는 자기경영을 현대 사회에서 필수적인 역량으로 강조했다. 그는 더 이상 전통적인 조직 구조에서 상사가 개인의 업무를 관리하는 시대가 아니라, 개인이 스스로 목표를 설정하고, 자신의 강점을 극대화하며, 지속적으로 성장해야 하는 시대라고 보았다.

그의 자기경영 개념은 주로 다음과 같은 핵심 원칙을 포함한다.

자기경영의 핵심 원칙

✲ 자기 강점 파악과 활용(Know Your Strengths)

'강점에 집중하라. 약점 보완이 아니라 강점을 개발하는 것이 더 중요하다.' 사람은 자신의 강점을 정확히 인식하고 이를 최대로 활용해야 한다.

✲ 자기 목표 설정과 성과 중심 사고(Set Goals & Focus on Results)

'어디에서 성과를 낼 것인가?' 자기경영을 위해서는 뚜렷한 목표와 실행 전략이 필요하다. 목표는 단순한 바램(Wish)이 아니라 구체적이고 실행 가능한 계획이어야 한다. 드러커는 지식 근로자(Knowledge Worker) 시대에서는 성과와 목표 설정이 더욱 중요하다고 강조했다.

✲ 시간 관리와 자기 통제(Time Management & Self-Discipline)

'시간은 가장 희소한 자원이므로, 이를 효과적으로 관리하는 것이 중요하다.' 시간이야말로 가장 중요한 자원이며, 이를 어떻게 사용하느냐가 성과를 결정한다. 특히, 시간 낭비를 줄이고 가장 가치 있는 활동에 집중해야 한다.

✲ 기여할 수 있는 영역 찾기(Where Can I Contribute?)

'조직과 사회에서 나의 가치는 어디에서 가장 잘 발휘될 수 있는가?' 개인의 역할은 단순한 직무 수행이 아니라, 조직과 사회에 가치를 창출하는 것이다. 따라서 자신이 가장 크게 기여할 수 있는 영역을 찾아야 하며, 변화하는 환경에서 어떤 방향으로 성장하고 발전할 것인지 스스로 설계해야 한다.

✲ 지속적인 학습과 자기 혁신(Continuous Learning & Reinvention)
'평생 학습을 멈추는 순간, 도태된다.' 현대 사회에서 자기경영을 하는 사람들은 끊임없이 변화하고 배워야 한다. 특히, 피터 드러커는 자신을 '지속적으로 혁신'해야 하며, 변화하는 환경에서 유연성을 가져야 한다고 강조했다.

✲ 윤리적 가치와 원칙 중심 경영(Values & Integrity)
'성공보다 중요한 것은 원칙과 가치를 지키는 것이다.' 자기경영을 하는 사람은 개인적인 윤리와 원칙을 가져야 하며, 자신이 속한 조직과 사회에 긍정적인 영향을 미치는 방향으로 행동해야 한다.

자기경영은 자신을 바르게 이해하고 자신이 가진 자원과 기회를 활용하여 자신을 경영(Management)하며 성장하는 것을 말한다. 자신의 전반적인 삶을 관리하기 위한 방식이고, 목표를 달성하는 능력을 높이기 위한 수단이다.

이처럼 자기경영은 성공을 이루어가는 과정에서도 꼭 필요하지만 목표를 이루고 난 이후에도 지속적으로 유지가 되어야 하는 항목이라고 할 수 있다. 많은 사람들이 다이어리, 플래너를 사용하고 있다. 그럼에도 자신을 제대로 관리하고 있다고 말할 수 있는 사람이 얼마나 있을까?

피터 드러커의 자기경영을 위한 질문

드러커는 자기경영을 잘하기 위해 다음과 같은 5가지 질문을 던져야 한다고 말했다.

✲ 나는 누구인가?(Who am I?)
→ 내 강점은 무엇이며, 어떤 방식으로 일을 할 때 최고의 성과를 내는가?

✲ 나는 어디에서 가장 큰 기여를 할 수 있는가?(Where can I contribute the most?)
→ 조직과 사회에서 나의 역할은 무엇인가?

✲ 나는 무엇을 해야 하는가?(What should I do?)
→ 목표를 어떻게 설정하고, 이를 어떻게 실천할 것인가?

✲ 나는 어떻게 일을 해야 하는가?(How should I work?)
→ 나만의 생산성과 시간 관리 전략은 무엇인가?

✲ 나는 어떤 가치와 원칙을 따를 것인가?(What are my values?)
→ 어떤 윤리적 기준과 가치관을 기반으로 행동할 것인가?

(2) 자기경영리더십(Self-Management Leadership)이란?

자기경영리더십(Self-Management Leadership)은 개인이 자신의 삶과 업무를 효과적으로 관리하고, 이를 통해 목표를 달성하며 리더십을 발휘하는 능력을 뜻한다. 개인의 삶에서 미래를 향해 주체적으로 목표를 설정하며, 자기 주도적으로 행동하는 리더십을 의미한다. 즉, 남을 이끌기 전에 자신을 먼저 이끌고 주도적으로 관리하는 능력을 강조하는 개념이다.

단순한 자기개발을 넘어, 자기통제(Self-Control), 자기동기부여(Self-Motivation), 자기효능감(Self-Efficacy) 등을 바탕으로 스스로 리더가 되어 자신의 삶을 경영하는 능력을 의미한다. 개인의 성과와 조직의 성공에 중요한 역할을 하며, 어떤 특정인이 아닌 모든 사람에게 필요한 능력이다.

자기경영 리더십의 특징

- 자기혁신 요소를 이해하고 일에 대한 올바른 패러다임을 형성하는 것
- 역동성과 상호작용의 효과성을 극대화하는 그룹 토의식 교육을 받는 것
- 위기를 기회로 새롭게 바꾸는 전략과 지혜를 갖는 것

자기경영리더십의 핵심 요소

자자기경영 리더십을 효과적으로 발휘하기 위해서는 다음과 같은 요소가 중요합니다.

- 자기 인식(Self-Awareness)

- 자신이 누구인지, 어떤 강점과 약점을 가지고 있는지 명확히 이해하는 것.
- 자신의 강점과 약점을 명확히 이해하고, 자신의 행동이 타인에게 미치는 영향을 인식하는 능력.
- 자기 이해를 바탕으로 삶의 방향성을 설정하고, 주체적인 선택을 할 수 있음.
- 리더십의 출발점으로, 자신을 객관적으로 평가하고 개선 방향을 설정할 수 있게 해 줌.

✲ 자기 통제(Self-Control)

- 감정, 행동, 충동을 조절하고 장기적인 목표를 위해 단기적인 유혹을 이겨내는 능력.
- 어려운 상황에서도 냉정한 판단과 의사결정을 할 수 있도록 훈련해야 함.

✲ 자기 동기부여(Self-Motivation)

- 외부 환경에 의존하지 않고 스스로 목표를 설정하고 동기부여할 수 있는 능력.
- 성장 마인드셋(Growth Mindset)을 바탕으로 지속적인 자기 계발을 실천함.

✲ 목표 설정 및 실행력(Goal Setting & Execution)

- 명확한 목표를 세우고, 이를 달성하기 위한 구체적인 실행 전략을 수립하는 능력.
- SMART 원칙(Specific, Measurable, Achievable, Relevant, Time-bound)을 적용하여 실천력을 높임. 구체적이고 측정가능한 목표(SMART 목표)를 설정하고 이를 달성하기 위한 전략을 수립함.
- 목표에 집중하며 우선순위를 정해 효율적으로 실행하는 능력이 중요.

✲ 시간 및 에너지 관리(Time & Energy Management)

- 우선순위 설정을 통해 가장 중요한 일에 집중하고, 불필요한 시간 낭비를 줄이는 능력.
- 시간은 물론 정신적·육체적 에너지를 효율적으로 관리하여 지속적인 성과 창출.
- 중요한 일에 시간을 우선 배분하고, 체력과 정신적 에너지를 지속적으로 유지하는 것.
- 번 아웃(burn-out)을 예방하고 지속 가능한 성과를 내도록 함.

※ 변화와 자기 학습과 성장(Continuous Learning & Growth)
- 지속적으로 배우고 발전하는 자세를 갖추어 끊임없는 자기 혁신을 실천하는 것.
- 피드백을 수용하고, 실수를 성장의 기회로 삼아 자기 계발을 지속하는 능력.
- 변화에 유연하게 적응하며, 실패나 도전을 성장의 기회로 삼는 자세를 갖춤.
- 지속적인 학습과 자기계발은 자기경영리더십의 필수 요소.

※ 책임감과 주도적 행동(Proactive Responsibility), 신뢰구축
- 자신의 선택과 행동에 책임을 지는 태도를 갖추고, 문제 해결 능력을 기르는 것.
- 변명 보다는 해결책을 찾고, 스스로 문제를 해결하려는 태도가 중요.
- 자신의 행동과 결과에 책임을 지며, 동료 및 조직 내에서 신뢰를 쌓는 것이 중요.

자기경영 리더십과 전통적 리더십의 차이점

	자기경영 리더십 (Self-Management Leadership)	전통적 리더십 (Traditional Leadership)
중심 개념	자기 스스로를 관리하고 주도하는 리더십	타인을 이끄는 리더십
목표	자기주도적 성장, 자기효능감 강화	조직 목표 달성, 팀 성과 극대화
의사결정 방식	자기 결정(Self-Determination)	상급자의 지시에 따라 결정
중요 요소	자기 통제, 자기 동기부여, 책임감	팀원 관리, 조직 내 영향력 확대
영향 범위	개인의 삶과 커리어, 자기 성취	조직 내 팀원 및 직원 관리

자기경영 리더십을 갖춘 사람은 결국 조직에서도 뛰어난 리더가 될 가능성이 높다. 즉, 자신을 효과적으로 경영할 줄 아는 사람이 남을 이끄는 리더로 성장할 수 있습니다.

자기경영리더십이 가져오는 효과

✲ 개인적 성장 : 자신에 대한 통제력과 성취감을 높여 더 나은 삶을 살아갈 수 있다.

✲ 조직 내 생산성 향상 : 자율성과 책임감을 가진 구성원은 조직의 성과를 극대화할 수 있다.

✲ 신뢰 기반 문화 형성 : 자기경영이 잘 이루어진 리더는 동료와 상호 신뢰를 구축하며 긍정적인 조직 문화를 만든다.

2. 자기경영리더십코칭이란?

1) 우리가 남길 수 있는 7가지 유산

시간이 흘러 가면서 사람들은 다음의 질문을 한다.

"나는 이 세상을 떠나면서 무엇을 남길 것인가?"

여러분은 이 질문에 어떤 대답을 하시겠습니까?

고든 맥도널드가 쓴 <남자는 무슨 생각을 하며 사는가>에서 사람이 남기는 유산에 대한 글이 있다. 물질의 유산, 인정의 유산, 도전의 유산, 통찰의 유산, 표본 된 삶의 유산, 추억의 유산, 영원의 유산 등으로 7가지다.

물질의 유산은 '나는 물질의 소유를 얼마나 남길 것인가?'
인정의 유산은 '내 말과 행동으로 인해 좀 더 자신감을 얻게 된 사람이 누구인가?'
도전의 유산은 '내가 갈 길을 제시해 줌으로써 새로운 경지에 도달한 사람은 누구인가?'
통찰의 유산은 '내가 배운 것으로부터 유익을 얻을 사람은 누구인가?'
표본 된 삶의 유산은 '내 삶의 모습에 다른 사람이 본 받을만한 가치가 있는 것은 무엇인가?'
추억의 유산은 '가족과 지인들이 좋게 추억할만 한 것은 무엇인가?'
영혼의 유산은 '내 삶에 영성(靈星)에 이르는 길을 가리키는 것이었는가?'

'유산'이라 하면 물질적인 유산이 모든 것으로 생각하며, 나머지는 잊어버린다.
맥도널드는 무려 7가지의 유산을 우리에게 제시하고 있다.

이 7가지는 우리의 유산의 폭을 크게 넓혀 주는 것이고, 동시에 어떻게 살아서 행동하고, 말하고, 추구해야 하는가를 가르쳐 주는 아주 귀한 '유산에 대한 정의'이다.

"누구나 나이를 먹게 되면 혼자만의 생각이 야망과 획득 단계를 벗어나 삶을 마감할 때 무엇을 남기고 갈 것인가에 대한 이슈로 옮겨가게 된다."

2) 문제해결과 리더십 패러다임의 변화

도전과 문제	전통적 해결방식	새로운 패러다임
어떤 문제와 도전에 직면하고 있는가?	자극에 어떻게 반응하는가?	지금에 머무를 것인가? 변화할 것인가?
문제 발생의 원인은 무엇인가?		
	'문제를 보는 시각'은 어떠한가?	어떤 패러다임을 사용할 것인가?
세상은 어떻게 변화하고 있는가?		
어떻게 대응할 것인가?	문제해결 방식은 어떠한가?	나는 어떻게 할 것인가?

3) 코칭과 자기경영리더십코칭

(1) 코칭이란 무엇인가?

'코칭'(Coaching)이라는 단어를 보면 어떤 생각이 드는가? 코칭은 헝가리의 도시 코치(Kocs)에서 개발된 네 마리의 말이 이끄는 마차의 이름인 콕시(kocsi)에서 유래한다. 이때부터 마차의 영어식 발음인 코치(coach)에서 코칭의 어원이 유래되었다. 코치는 훈련(training)의 어원인 기차(train)와 대비하여 코칭(coaching)의 특성을 잘 설명하게 된다. 코칭은 승객을 출발지에서 목적지까지 데려다주는 운송수단인 마차의 기능이기에, '개인이나 조직을 출발점에서 원하는 목표점으로 이동시키는 개별 서비스'를 의미한다. 이에 반해 훈련은 승객이 역까지 각서 승차한 후 다른 사람들과 함께 같은 속도와 경로로 정해진 종착지에서 하차해야 하는 집단서비스이다. 즉, 코칭은 코치가 목표를 정하고 끌어가는 것이 아니라, 고객(코칭대상자, 코칭 받는 사람, client, coachee)이 스스로 목표를 정하고 그 목표를 성취할 수 있도록 코치가 지지하는 과정이다(도미향, 정미현, 김응자, 2011).

코치의 시작은 스포츠분야이지만, 지금의 코칭은 삶의 영역 전반으로 그 범위가 확장되고 있다. 스포츠 분야에서만 사용돼 온 코칭은 1980년대 초 재무 플래너인 토마스 레너드(에 의해 처음으로 기업 경영에 도입됐다. 그 후 1980년대 후반 GE, IBM 등 미국의 대기업들이 '부하직원 양성 스킬'로 사용하면서 세계적인 주목을 받게 된다. 뒤이어 1997년 국제코치연맹이 설립되면서 전 세계로 퍼져나가게 되고 2000년대 초반 우리나라에도 들어와 2004년 한국코치협회가 설립되기에 이른다.

이처럼 시간이 지나면서 코칭의 의미는 스포츠 분야에만 한정돼 사용됐던 초기와는 많이 달라졌다. 코칭이라 하면 사람을 변화와 성장, 행복을 위해 사람답게 다루는 기술이며, 대화며, 시스템이다. 사람은 남에게서 인정받을 때, 자기주도권을 가지고 선택하고 결정할 때, 사람다움을 느낀다. 현재 국제코칭연맹(ICF)은 코칭을 '삶, 경력, 비즈니스와 조직에서 뛰어난 결과를 달성할 수 있도록 도와주는 지속적이며 전문적인 관계'이며, '고객(코칭을 받는 사람)의 개인적, 전문적 가능성을 극대화시키기 위해 영감을 불어넣고 사고를 자극하는 창의적인 프로세스 안에서 고객과 파트너 관계를 맺는 것'으로 표현한다. 한국코치협회(KCA)는 '개인과 조직의 잠재력을 극대화하여 최상의 가치를 실현할 수 있도록 돕는 수평적 파트너십'으로 정의한다.

코칭은 개인의 변화와 발전을 지원하는 대화 중심의 파트너십이며, 그 핵심은 코치와 고객 사이에 이뤄지는 커뮤니케이션 스킬인 것이다. 코칭은 고객이 현재 지점에서 원하는 목표지점까지 도달하도록 지원하는 과정이며, 한 마디로 표현한다면 마중물이라 할 수 있다. 이 책을 만드는 한국코치그룹마중물에서는 '코칭이란 마음을 열고 삶의 중요한 목표를 찾아, 잠재된 능력과 자원을 물색하도록 돕는 것이다.'라고 정의 내린다. 코칭 고객이 자아를 발견하여 어떤 일을 하든지 자신감을 가지도록 돕고, 스스로 문제를 해결하는 능력을 지니도록 코치가 지원하는 촉진 활동으로서, 사람을 가장 사람답게 다루는 기술이 코칭인 것이다. 코칭의 대상으로는 조직 활동의 직장인, 학교 생활의 학생, 및 진로커리어를 고민하는 개인적 삶의 영역에도 유용한 도구로 활용될 가능성을 충분히 가지고 있다.

- 개인의 변화와 발전을 지원하는 파트너십 과정이다.
- 개인의 변화와 발전을 지원하고 그에 따른 성과를 창출하는 파트너

십 과정이다.

- 무한한 잠재능력을 발현할 수 있도록 자신의 생각과 행동에 대해 새로운 관점을 갖도록 사랑의 마음으로 서포트 하는 것이다.
- 코치와 발전하려고 하는 의지가 있는 개인이 잠재능력을 최대한 개발하고, 발견 프로세스를 통해 목표설정, 전략적인 행동, 그리고 매우 뛰어난 결과의 성취를 가능하게 해주는 강력하면서도 협력적인 관계이다.

코칭은 시대환경의 변화와 함께하는 '문제해결의 지혜'이면서, '효과적인 사람관계 기술'이면서, 또한 새로운 리더십니다.

(2) 코칭의 특징

코칭은 코치가 고객이 스스로 목표를 설정하고 달성하도록 돕는다. 코칭과정은 변화와 성장의 과정으로 목표지향적이고 행동지향적이다. 코칭에서 코치는 도움을 주는 사람(Helper)이 아니라 지지해 주는 사람(Supporter)이다.

그 과정에서 '공감, 경청과 질문'이 중심이 되는 대화를 주요 도구로 사용한다. 코칭은 고객의 자발적인 행동을 촉진시키기 위한 커뮤니케이션 기능으로, 대화와 질문을 통해 고객의 자발적인 행동을 촉진하고, 자발적인 문제해결을 도모하는 새로운 리더십 기법이며 활동이다. 코칭은 사람들로 하여금 진정한 자기 삶이 무엇인지를 알아차리게 하고, 소속된 조직의 성과에 기여토록 하는 강한 커뮤니케이션과정이다. 코치는 고객이 문제의 해결을 위해 도와주는 것을 넘어 고객이 문제를 바라보는 시각에 대한 새로운 발견에 코칭의 초점을 둔다.

코칭의 특징을 설명할 때, 유사분야와의 차이점으로 설명하는 경우가 많다. 코칭과 유사한 분야로는 컨설팅, 상담 등이 있다.

① 컨설팅과의 차이점

컨설팅은 컨설턴트가 문제를 조사하고 해결책을 제시하는 경우가 많다. 코칭은 그보다는 고객 스스로 문제를 탐색하고 해결책을 찾게 한다.

② 상담과의 차이점

상담은 내담자의 정서적인 고통을 해결하는 경우가 많다. 코칭은 정서적인 문제만을 다루지 않으며, 업무 성과, 진로 계획 등 일상 생활의 다양한 주제를 다룬다. 또한 고통을 해결하기보다는 목표를 달성하려는 목적을 가지는 경우가 많다.

③ 멘토링과의 차이점

멘토링 관계에서 멘토는 해당 분야의 전문가이며 선배인 경우가 많다. 멘토는 멘티에게 정보나 조언 등을 많이 전달한다. 코칭 관계에서는 코치가 반드시 해당 분야의 전문가일 필요는 없다. 코치는 고객이 자신의 자원을 사용해서 스스로 해결책을 찾도록 적절한 경청과 질문을 사용한다.

(3) 자기경영리더십코칭(Self-Leadership Coaching for Self-Management)

자기 삶의 리더는 자기 자신이다.
자기를 바꾸는 리더십의 기적으로 자신의 유일한 리더는 자기 자신이다.
자기를 변화시키고 성장시키는 리더십, 자기경영리더십을 코칭하자.

자기경영리더십코칭은 간단히 표현한다면 효과적인 자기경영을 위해 코칭방식을 활용한 셀프리더십이라 말할 수 있다. 개인이 자기 스스로 자신의 삶, 행동, 감정 등을 주도적으로 관리하고, 내면의 자기 리더십을 강화해 지속 가능한 성장과 성취를 이루도록 지원하는 코칭 프로세스이다. 이는 자기 가치 인식, 비전과 목표 설정, 실행, 지속적 성장을 중심으로, 개인의 내적 동기와 외적 성과를 균형 있게 연결하는 데 초점을 맞춘다. 성장하는 삶을 주도적으로 모색할 수 있고, 궁극적으로 자기 스스로 코치가 되어 자신이 지닌 가능성과 잠재력을 개발하고 원하는 결과를 이룰 수 있도록 스스로를 코칭하는 것이라 한다.
자기경영리더십코칭은 자기의 비전을 가지고 자신을 설득하고, 변화를 일으켜, 기대하는 삶을 살아가게 하는 것이다. 스스로 변화와 성장에 대한 책임을 갖고 목표를 설정하고 자기 인식과 자각을 통해 성취할 대안을 마련하여 자신에 대한 지지와 격려, 인정, 등의 긍정적 동기부여로 스스로를 훈련해 가는 과정이다.

자기경영리더십코칭의 주요 특징

지기경영리더십코칭은 자기 스스로가 자신의 코치가 되어 자신을 코칭 하는 것이다. 목표달성을 위해 자신이 계획한 행동을 강력하게 실행하고, 변화된 발전적 결과를 계속 이어가기 위해 셀프리더십을 발휘하도록 스스로 코칭을 하는 것이다. 자기 자신과 친밀한 라포를 형성하고, 자신이 가진 잠재력과 가능성을 발견해 나가며, 원하는 욕구를 경청하고, 자기에게 스스로 질문을 하며, 생각을 확장시키며, 원하는 것을 이루도록 하는 코칭한다.

① 자기주도적 성장

- 개인의 내적 동기 강화 : 자기 스스로 문제를 인식하고 해결 방안을 찾도록 촉진한다.
- 자기효능감 증진 : 코칭을 통해 자신의 역량에 대한 신뢰를 높여 스스로 목표를 달성할 수 있는 믿음을 형성한다.

② 맞춤형 접근

- 개인별 강점/약점 분석 : 자신의 특성과 주변 환경 등을 고려한 맞춤 전략을 수립한다.
- SMART한 목표설정 : 구체적이고 실행 가능한 목표를 단계별로 분해하여 계획을 수립한다.

③ 쌍방향 소통 및 피드백

- 적극적 경청 : 자기 의식 밖에서 자기에게 질문하고, 답을 찾는 과정을 통해 자기를 경청하고, 존재감을 찾는다.
- 지속적 피드백 : 자기의 행동 변화와 성과를 주기적으로 평가해 개선 방향을 조정한다.

④ 실행 중심의 습관 형성
- 일상적 행동 변화 : 이론보다 실천을 우선시하며, 지속 가능한 습관으로 연결한다.
- 시간/에너지 관리 : 우선순위 설정과 스트레스 관리 기술을 훈련하여 지속적인 성과를 이끈다.

⑤ 개인 성장과 조직 성과와의 균형
- 개인 성장과 조직 목표 연계 : 개인의 역량 개발이 조직의 성과로 직결되도록 지원한다.
- 신뢰 기반 문화 조성 : 코칭 과정을 통해 조직의 개인에 대한 신뢰감을 형성하는데 기여하며, 나아가 조직과 개인간의 팀워크와 협업으로 확장된다.

⑥ 코칭 철학 적용
- 존중과 신뢰 : 자기 스스로에 대한 무한한 가능성을 믿고, 자존감을 향상시킨다.
- 문제해결 촉진 : 무엇보다 자기 스스로 해결책을 찾도록 도와준다.

주요 구성 요소

자기경영리더십코칭을 하기 위해서는 자기인식을 통하여 '자기 자신 찾기'가 우선되어야 한다. 자기경영리더십을 발휘하는 삶은 자신의 욕구 실현을 통해 심리적으로 만족감을 느끼며 삶의 주인이 되며, 자신의 사고 패턴, 감정 패턴, 행동 패턴을 인식하고 긍정적인 영향력으로 동기를 부여하여 주도적 · 지속적으로 실천하는 것이다.

① 자기 인식 강화
- 감정, 신념, 행동 패턴을 객관화하여 리더십의 근간을 진단한다.

- 자신의 핵심 역량을 파악하고, 강점은 극대화하며 약점은 보완한다

② 목표 설정 및 전략화

- 자신의 삶에서 가장 중요한 가치를 정립하고, 단기 목표뿐만 아니라 5년 후, 10년 후의 장기적인 비전을 만든다.
- SWOT 분석(Self SWOT Analysis)을 기반으로 단기/장기 목표를 구체화하고, 자원 활용 방안을 도출한다.
- SMART 원칙을 기반으로, 목표를 달성하기 위한 구체적인 실행 계획을 세운다.

③ 자기 훈련(Self-Discipline)을 강화와 함께 실행력 증진

- 시간 관리, 스트레스 대처, 의사결정 기술을 훈련하여 일관된 성과를 이끈다.
- 매일 자신과의 약속을 지키는 작은 습관부터 실천한다. (예: 매일 30분 독서, 아침 루틴 유지, 감사 일기 쓰기 등.)
- 스트레스 해소를 위한 취미활동이나 운동을 통해 신체적·정신적 건강을 유지한다.
- 업무와 개인 생활의 균형을 맞춘다.
- 독서, 교육 프로그램 참여 등을 통해 새로운 지식을 습득하고 자신의 역량을 강화한다.
- 팀워크와 협업을 위해 타인의 관점을 이해하고 효과적으로 소통하는 능력을 키운다.

④ 멘토링 및 롤모델 찾기

- 자기경영리더십이 뛰어난 사람을 롤모델로 삼고, 실천 방법을 배운다.
- 필요하면 멘토를 찾아 조언을 구하고 지속적인 피드백을 받는다.

⑤ 피드백과 성찰(Feedback & Reflection)
- 하루 또는 한 주 등의 주기적인 되돌아보기와 피드백으로 성과를 평가하고, 개선하도록 노력한다.
- '무엇을 잘했고, 무엇을 개선할 수 있는가?'를 고민하는 습관 기른다.

자기경영리더십코칭과 일반 리더십코칭의 차이점

	자기경영리더십코칭	일반 리더십코칭
초점	자기관리 역량강화	팀 관리 기술 개발
대상	개인의 내적 성장	조직 내 리더십 행동
방식	자기주도적 반성과 실행	외부 코치의 지시적 조언
성과	지속 가능한 습관 형성	즉각적 문제 해결

자기경영리더십코칭 실습

10년 뒤 나는 무엇을 하고 있을까?

그 때, 나는 어디에 있으며, 주변의 환경(상황)은 어떤 모습인가?

✲ 10년 뒤의 나를 위해 무엇을 어떻게 개발하겠는가?

✲ 10년 뒤의 모습이 나에게 어떤 의미가 있는가?

✲ 그때의 나를 어떤 사람이라 말하겠는가?

✲ 그런 모습의 나로 만들어진다면, 세상에는 어떤 영향을 줄까?

✲ 그럼, 목표를 이루기 위해 가장 먼저 어떤 행동(활동)을 해야 할까?

✲ 언제, 무엇부터 시작할 수 있을까?

- 나는 그 목표(성과, 비전, 꿈)이 실현 가능할까?
- 나는 그 목표(성과, 비전, 꿈)을 이룰 능력이 있을까?
- 그 목표(성과, 비전, 꿈)은 나에게 잘 어울릴까?

4) 코칭 대화 모델

코칭은 고객의 변화와 성장에 관심을 두며 고객이 가지고 있는 잠재력을 동원하여 미래를 계획하고 개인의 변화와 발전을 도모함으로서 자기주도적인 삶을 이끌어 나가는 과정이라고 말할 수 있다. 따라서 고객이 자기 이해를 바탕으로 자기 삶의 방향을 찾고 그것을 실현하는 과정을 돕는데 매우 효과적인 방법이라 할 수 있다.

코칭은 개인이나 조직의 변화와 발전을 지원하는 대화 중심의 파트너십이며, 그 핵심은 코치와 고객 사이에 이뤄지는 커뮤니케이션 스킬이라 했다. 그것도 구조화된 대화의 틀이 있는 커뮤니케인션 스킬이고, 이를 코칭 코칭 대화 모델 혹은 코칭 프로세스라 말한다. 코칭대화모델은 코치와 고객이 정해진 시간 안에 서로 나누는 대화 내용과 흐름을 일정하게 구조화한 대화 양식이다. 고객으로 하여금 자신이 들어

낸 문제들 개선된 방향을 나아가게 하고, 이를 해결하기 위한 행동 과제를 도출하게 하고, 구체적으로 행동할 방법을 결정하도록 대화하는 과정이다. 이때 코치는 코칭 기술을 사용하여 고객과의 대화을 이끌어 간다.

코칭 대화 모델은 다양하게 만들어져 있는데, 이 책에서 사용하는 것은 캔버스(CANVAS)코칭모델이다. 캔버스코칭모델은 한국코치그룹 마중물에서 만든 것으로, 그림이 그려지는 캔버스의 가치를 활용해서 삶을 그리도록 하는 대화모델이다. 코치와 고객의 신뢰형성을 바탕으로 고객이 목표를 만들면서 코치와 공유하고, 이를 성취하도록 고객의 현실을 인식케하며 행동 변화를 위한 대안을 그리게 하며, 실행의지를 약속케 하며, 계획된 목표를 잘 실행하도록 지지하고 응원하는 과정이다.

① Connect(신뢰 형성)은 라포형성 단계이다.

코칭 대화를 시작하면서, 서로의 마음을 여는 단계이다. 코치와 고객은 공감과 이해를 기본으로 서로의 관점을 이해하고 친밀한 분위기를 만들어 신뢰를 쌓는다. 코치와 고객이 마음이 연결되어, 고객이 코치를 신뢰하므로 자신에 대한 어떠한 이야기도 털어놓을 수 있는 상태이다. 다른 표현으로 'Rapport'형성이라고도 한다.

Connect 코칭 질문들

✲ 최근에 즐거운 일이 있다면 어떤 일인가?
✲ 근래에 이룬 일들 중에 축하 받을 만한 것은 무엇인가?
✲ 정말 관심이 가는 것은 어떤 것인가?
✲ 이 곳에 어떻게 왔는지 물어봐도 될까?
✲ 요즘 삶에 활력을 주는 것이 있다면 무엇인가?
✲ 요즘 자신에게 도전으로 다가오는 것은 무엇인가?

② Aim(목표 공유)은 목표설정 단계이다.
고객이 진정으로 원하는 상태, 목표가 무엇인지를 탐색하고, 관점을 발견하고, 구체적으로 얘기하도록 돕는 단계이다. 고객의 목표와 성과를 함께 의논하고 합의하는 코치와 고객의 협력 과정이다.

Aim 코칭 질문들

✲ 오늘 무엇에 대해 대화를 나누고 싶은가?
✲ 내가 이루고자 하는 목표는 무엇인가?
✲ 이 목표를 말한 데는 어떤 이유가 있을까?
✲ 대화가 끝났을 때, 내가 얻을 수 있는 가장 큰 유익함은 무엇인가?
✲ 이루어진 모습을 그려본다면 어떤 모습일까?
✲ 정말로 내가 원하는 목표는 무엇일까?
✲ 코칭대화를 마치면서 어떤 상태가 되면 스스로 만족할까?

③ Now & Here(현재 인식)은 현실점검 단계이다.

고객이 현재 상황을 스스로 인식하도록 돕는 단계이다. 목표와 현재 모습의 차이를 확인하고, 변화를 위한 동기를 부여하는 단계이다. 목표를 정의하고 나서 그 목표를 향해 가야 할 고객의 현재 상황을 분명하게 알게 한다. 현재 상황을 긍정적 혹은 부정적으로 보는 개념이 아니라 사실을 살피는 것이다.

Now & Here 코칭 질문들

- 목표와 관련된 현재 상황은 어떤가? (구체적으로 표현하기)
- 정말로 문제가 되고 있는 것은 무엇인가? 문제의 본질은 무엇인가?
- 그 목표와 관련해서 현재 상태는 어떤한가?
- 목표달성에 걸림돌이 되는 것으로 무엇이 있는가?
- 내가 가지고 있는 자원(재능, 달란트)는 무엇인가?
- 지금 여기에서 나에게 기대할 수 있는 것은 무엇인가?

④ Visualize(대안 그리기)은 대안탐색 단계이다.

목표를 이루기 위한 대안들을 탐색하고 설계하는 단계이다. 코칭 고객이 목표를 달성하기 위한 행동 전략을 세우기 위해, 현재 위치에서 가고 싶은 곳을 알게 하고 가능한 대안을 찾아보고 평가한다. 고객이 가진 강점과 자원 요소, 변화에 대한 수용성, 저항과 장애 관리 등에 대해 다양한 아이디어를 찾는다.

Visualize 코칭 질문들

✲ 목표를 이루는 방법으로 어떤 것들이 있을까?
✲ 그것들이 가능하다면, 그 중에서 어떤 방법을 사용할 수 있을까?
✲ 지금 이 상황에서 가장 먼저 해야 할 것은 무엇일까?
✲ 원하는 결과는 무엇일까?
✲ 생각만 하고 한 번도 쓰지 않은 방법이 있다면 무엇일까?
✲ 한 번도 시도해 보지 않은 것 중, 가능성이 있는 대안은 어떤 것일까?
✲ 내가 생각하는 나의 가장 큰 강점에는 어떤 것이 있을까?

⑤ Attempt(실행 의지)은 실행계획수립 단계이다.

설계된 대안의 실행을 약속하는 단계이다. 탐색한 대안들 중에서 가장 적합한 방안을 선택하게 하고, 실행 계획을 수립과 함께 실행의지를 확인한다. 현실에 대해 철저하게 조사한 자료를 가지고, 폭넓게 제시된 각종 대안들을 사용해 명시된 요건을 충족시키는 실행 계획을 세우는 것이다. 지금 당장 실천할 행동계획을 세운다.

Attempt 코칭 질문들

✲ 오늘 당장 무엇을 할래?
✲ 여러 가지 대안 중에 무엇을 먼저 시도할래?
✲ 목표를 이루기 위해 어떤 자원(능력, 달란트)을 사용할래?
✲ 목표를 이루기 위해 가장 효과적인 방법은 뭘까?
✲ 실행한 것을 가장 먼저 알릴 사람은 누굴까?
✲ 무엇을(언제부터 / 어디서 / 언제까지 / 어떻게) 할래?
✲ 실행을 위해 나 자신에게 다짐의 말을 한다면 어떤 말을 할래?

⑥ Support(후원환경)은 후원환경조성 단계이다.

계획된 목표를 잘 실행할 수 있도록 지지하고 응원하는 단계이다. 목표 실행할 요소를 후원해 줄 환경을 조성하고, 고객이 힘을 내서 도전할 수 있도록 코치가 응원과 지지를 보낸다.고객을 격려하고 지지하는 것으로, 고객에게 문제해결에 협조해 준다는 믿음을 주고, 고객이 코칭대화를 정리하게 하여, 고객 스스로 실천을 다짐하도록 한다.

Support 코칭 질문들

- 코칭을 통해 얻은 것은 무엇인가?
- 내가 약속한 것을 잘 지키게 하려면 누구의 도움을 받으면 더욱 좋을까?
- 이 계획이 잘 이루어지고 지속되려면 어떻게 해야 할까?
- 약속한 실행의 점검을 어떻게 하고, 나 자신에게 어떤 응원을 보낼래?
- 나 자신을 코칭하면서 유익했던 점으로 무엇이 있을까?
- 마무리하면서 새롭게 생각나는 것이 있다면 어떤 것이 있니?

결국 이러한 코칭 대화는 "고기를 잡아주지 말고, 고기 잡는 방법을 알려주라"는 말과 같다. 이 말은 당나라 임신사(林愼思)의 속맹자(續孟子) '송신(宋臣)'에 나오는 고사성어 '교자채신(敎子採薪)'에서 유래했다. 또한, 이스라엘 탈무드의 속담으로 "자녀에게 고기를 잡아주면 한 끼 밖에 못 먹지만 고기 잡는 방법을 가르쳐 주면 평생을 먹고 살 수 있다"는 말도 있다. '물고기를 잡아주는 기존 지식을 그대로 전해주기보다 잡는 방법과 지식을 창조하는 능력인 지혜를 심어주어 세상을 살아가는 자생력을 길러 주는 의미'를 담고 있다.

코칭은 스스로 문제를 해결해 나가는 능력을 키워주는 것을 목표로 하므로, "고기를 잡아주지 말고, 고기 잡는 방법을 알려주라"는 말과 서로 통한다고 볼 수 있다. 코치는 코칭 대상자 스스로 인식한 현재의 모습에서 문제점을 발견하여, 그 문제를 해결하기 위한 방법을 찾아서 해결하도록 지속적으로 노력해야 한다.

'자기경영리더십코칭 알기'를 마무리하면서....

	내용
Connect 신뢰 형성	요즘 나에게 도전으로 다가오는 것은 무엇인가?
Aim 목표 공유	'자기경영리더십코칭과정'을 마치면서 무엇을 이루고 싶은가?
Now & Here 현재 인식	목표와 관련된 현재 상태는 어떠한가?
Visualize 대안 그리기	목표를 이루는 방법으로 무엇이 있을까?(3가지 이상)
Attempt 실행 의지	여러 가지 대안 중에 무엇을 먼저 시도할래?
Support 후원 환경	계획이 잘 이루어지고 지속되려면 무엇이 필요할까?

왜(why) 살아야 하는 지를 아는 사람은 어떤(how) 상황도 견딜 수 있다. <니체>

III.

자기 미래 다듬기

1. 가치 찾기

'나는 무엇을 위해 하루를 살아가고 있나?'

'나는 또 무엇을 위해 1년을 살아가려 하는가?'

사람들은 이런 질문을 얼마나 해 보았는지 궁금하다. '나는 왜 이 일을 하고 있는가?', '지금 가고 있는 이 길이 정말 내가 원하는 삶일까?' 우리는 바쁘게 달리지만, 어디로 가는지조차 잊고 달리는 경우가 많다. 속도보다 방향이 중요한 이유다. 삶의 가치는 거창한 것이 아니라, '살면서 진짜 소중하다고 느끼는 것'이다.

자기가 아침에 눈을 뜨게 만드는 이유, 힘든 하루를 버티게 하는 원동력, 그리고 고단한 날에도 마음이 흔들리지 않게 해주는 어떤 중심은 가치다. 가치는 돈이나 지위 같은 결과물이 아니라 그 보다 더 깊은 '자기가 있는 이유'이다. 어떤 사람은 가족이 그 이유일 수 있고, 누군가는 배우고 성장하는 것일 있고, 또 어떤 이는 타인을 도우면서 존재감을 느끼는 것일 수도 있다. 가치는 자기 안에서 자라나야 한다. 남이 정해주는 삶의 기준은 오래가지 못한다. 결국 자기 삶을 움직이는 힘은 자기 안에 있어야 한다.

우리는 삶을 여행에 많이 비유한다. 삶과 여행은 도착해야 하는 목적지가 있고, 추구하는 목적이 있고, 그리고 가는 과정에서 변화도 많다. 삶이란 여행에서 자기 삶의 목적지를 가지고 많은 변화의 물결 속에서도 삶의 목적을 이루어간다면 성공으로 가고 있다고 말할 수 있다.

토마스 모어(Thomas More)는 <유토피아>에서 '밤하늘의 반짝이는 별들이 지리도 많은데 사람은 반짝이지도 않는 황금을 쫓아서 저리도 헛되이 살아간다. 헛되고 헛되고 헛되도다.'라 했다. 여행을 하려면 목적지와 그에 대한 정보, 지도, 나침반, 이동 수단과 방법, 함께할 동료 등 많은 것을 준비해야 한다. 그중에서도 가장 먼저 알아야 하는 것은 이동 수단과 방법에 관련된 것들이다. 삶도 마찬가지다. 삶을 살아가는 데 가장 중요한 것은, '삶을 살아가는 자기'를 제대로 아는 것이다.

이 책을 시작하면서 '자기 삶의 방향, 즉 북극성'에 대한 얘기를 했다. 세상에 존재하는 모든 것들은 변한다. 다만, 어둠이 진한 밤하늘에 떠 있는 북극성은 변하지 않는다. 우리는, 삶의 목표를 향해 열심히 노를 저으면서 파도를 헤쳐 나가고 있지만, 고개를 들어 북극성이 어디에 있는지를 살피지 않는다. 열심히 살고 있음에도 좌표가 없는 삶을 만들고 있다.

삶에서의 북극성과 관련되는 것으로 비전(vision)과 미션(mission)을 많이 말한다. 비전과 미션은 삶에서 북극성 역할을 한다. 삶의 항해에서 배를 타고 노는 열심히 젔고 있는데, 북극성이 어디에 있는지를 살피지 않는다고 생각해 보라. 열심히 노를 젓는 것도 중요하지만 앞으로 나아가게 하는 북극성을 찾는 게 더 중요한 것이 아닐까?

그러면, 미션과 비전은 뭘까? 미션은 자기 삶에서 추구하고자 하는 궁극적 가치, 즉 자기가 살아가는 이유, 존재하는 이유이다. 비전은 미션을 이루기 위해 추구해야 할 구체적인 미래의 모습(미래상)을 의미한다. 예로, 디즈니랜드는 '사람들을 행복하게 만드는 것'을 미션으로,

'세상에서 가장 행복한 장소(놀이공원)'를 비전으로 하고 있다.

'나의 삶 방향이면서 변하지 않는 것'이라는 북극성의 의미로 봐서는 미션과 비전 중에서 미션에 가깝다. 자기의 북극성는 '나의 가치'를 말하며, '나는 누구인가?'에 대한 답이다.

✲ 나는 어떤 순간에 살아 있음을 느끼는가?

✲ 나 자신에 대해 값을 매긴다면 얼마일까? 그리고 그 이유는 무엇인가?

✲ 내가 생각하는 나의 가치를 나타내는 단어는 무엇인가?

✲ 이 세상에서 나의 가치와 바꿀 수 있는 것으로 무엇이 있나?

✲ 나 자신을 소개하는 글을 만든다면 뭐라 쓰겠는가?

최인철의 <굿 라이프>에서, 사람의 뇌는 목적 없는 삶을 견딜 수 없단다. 의미의 발견이 고통을 이겨내게 하는 힘이 있다. 반면 의미의 부재는 쾌락을 고통으로 변화시키는 힘이 있다. 사람은 의미를 향한 의지가 충만한 존재다. 의미는 우리 삶에 질서를 부여할 뿐만 아니라 우리 자신의 정체성을 분명히 해준다. 사람은 의미와 가치를 먹고 살아가는 존재란다.

1) 자기다움을 찾자

※ 나는 어떤 경우에 마음으로부터 기쁨과 만족감을 느끼는가?

※ 만약 장애물이 없고 모든 것이 가능하다면, 무엇을 소원하겠는가? (5가지)

자기의 가치를 찾아보자

※ '내 마음에서 정말 중요하다고 여기는 것'을 모두 찾아보자(생각하는 것이 표에 없다면, 빈 공간에 추가로 기록한다).

감사	명예	신용	인정	청렴
비전	목적의식	열정	자율	확신
겸손	믿음	예의	범절	충직
관용	배려	용기	신의	친절
근면	봉사	용서	정의	탁월성
즐거움	사랑	진실함	정직	평온
기지	사려	유연성	존중	변함없는
끈기	상냥함	목표지향	중용	헌신
너그러움	소신	이해	창의성	협동
영향력	신뢰	인내	책임감	화합

※ 선택한 단어 중에서 '다른 것과 바꾸거나 양보할 수 없을 만큼 중요하다'고 여기는 단어 2개를 고른다.

※ 선택한 단어 중에서 '②에서 선택한 단어'를 제외하고, '이것이 있어야 살아 있음을 혹은 활력을 느낀다'고 생각하는 단어 2개를 고른다.

※ 선택한 단어 중에서 '②와 ③에서 선택한 단어'를 제외하고, 누군가 '너는 어떤 사람이니?'라고 물을 때, 자신을 설명할 수 있는 단어 2개를 고른다.

※ 선택한 5개의 단어에 대한 '나의 정의'를 내려본다.

가치 단어	선택한 이유	이를 키우기 노력

2) 사명선언문 만들자

※ 내 삶에서 꼭 이루고 싶은 것은?

※ 평소에 닮고 싶은 사람은 누구며, 그 이유는 무엇인가?

① 인물 :

② 이유 :

✲ 삶에서 중요하다고 문구, 글귀, 좌우명 등으로는 무엇인가?

✲ 세상에 기여를 한다면, 무엇을 어떻게 기여할 것인가?

사명 선언문

나는 ~함으로써(해서) ~한다.

사명을 수행하기 위한 실천 다짐	
나 자신	
사회 관계	
일과 활동	
건강	
기여	
기타	

2. 강점 찾기

우리는 종종, 남들과 자기를 비교하며 '나는 왜 저 사람처럼 못할까?'라는 질문에 갇히는 경우가 있다. 이 때 다시 한번 묻는다. '힘든 상황에서도 쉽게 포기하지 않게 만든 내 안의 힘은 무엇인가?'라는 질문에 어떤 답을 할 수 있을까? 이에 대한 답이 곧 강점이다. 강점은 비교 속에 있는 것이 아니다. 강점은 '자기 안에 이미 존재하지만 그 동안 너무 익숙해서, 너무 당연해서, 스스로도 보지 못했던 가능성이고, 자기에게만 있는 고유한 무늬다.'

한때 화제가 되었던 책, <칭찬은 고래를 춤추게 한다>는 수중 동물 쇼를 하기 위해 범고래를 훈련시킬 때 고래에게 칭찬과 인정을 해줌으로써 훈련에서 성공할 수 있다는 이야기를 중심으로 한다. '칭찬에 대해 나는 어떻게 생각하는가?', '나는 칭찬을 얼마나 많이 하는가?' 반대로 '나는 칭찬을 얼마나 받았는가?', '칭찬받은 것 중에서 가장 기억에 남는 것은 무엇인가?'

누구든지 자기에 대해 호감 갖는 상대를 불쾌하게 느끼는 사람은 없다. 그러한 태도로서 가장 보편적인 것이 칭찬이다. 칭찬을 받는다는 것은 곧 자기의 장점이나 노력의 결과에 대한 보상이다.

'어떤 일에 쉽게 몰입하는가?', '누군가의 마음을 따뜻하게 만들어 주는 한마디는 무엇이었는가?', '어릴 적부터 사람들이 자주 해주던 칭찬은 무엇이었는가?', '힘든 순간, 스스로를 다시 일으켜 세운 나만의 방식은 무엇이었는가?', 그 모든 순간이 자기의 강점을 말해주고 있다. 강점은 '특출남'이 아니라, 자연스럽게, 꾸준히 반복되는 자기의 모습 안에 있다.
남들은 어렵다고 말하는 일을, 자기는 즐기며 해내고 있었다면, 그것은 자기의 가능성이다. 강점은 '기질 + 경험 + 선택'이 만나 만들어진 내면의 도구함이다. 지금까지 살아오며 버텨낸 수많은 시간이 그 도구를 단단히 갈고 닦아왔다.

우리는 장점과 강점을 많이 사용하는데, 그 의미를 혼용하고 있다. 장점(長點)은 '길 장(長)'자를 써서 '좋거나 잘하거나 긍정적인 점'을 뜻하고, 성격이나 태도와 관련해서도 많이 사용하고 있고, 그 반대말은 '단점(短點)'이다. 예를 들어 '그의 장점은 사람들 앞에서 발표를 잘하는 것이다.'와 같이 말할 수 있다. 강점(强點)은 '강할 강(强)'자를 써서 '남보다 우세하거나 더 뛰어난 점'을 뜻하고, 대개 능력과 관련해서 많이 사용하고 있다. 예를 들어 '창의적 발상 능력이 뛰어난 것이 그의 강점이므로 그것을 차별화 전략으로 활용할 수 있다.'와 같이 말할 수 있겠고, '강점'의 반대말은 '약점(弱點)'이다.
의미에서 보듯이 강점은 혼자가 아닌 경쟁을 하는 대상이 있어야 한다. 혼자서도 만족할 수 있는 장점과는 다르다. 관계와 경쟁이 있는 사회생활에서 원하는 것을 얻기 위해 '나만의 무엇'을 찾으려면 장점이 아니라 강점이 필요하다. 강점은 흔히 얘기되는 특성이므로 찾기 쉬워 보일 수 있지만 '나 자신'에 대해 깊이 탐색하기가 있어야 하므로 어려움이 있다.
제니퍼 폭스(Jenifer Fox)의 <강점혁명>에서는 강점을 행동하면서 기분이 좋아지고 생기를 느끼게 되는 일을 하는 것이라 하고, 도널드 클리프턴(Donald O. Clifton)의 <강점에 올인하라>에서는 재능을 넘어서 반복적으로 성공의 결과를 가져오는 능력이고, 타고난 재능에 지식과 기술을 더한 것이라 하고, 긍정심리학에서는 가치 있는 성과를 위해 최적의 기능을 할 수 있도록 느끼고 생각하고 행동하는 역량이라 한다.

이러한 강점은 막연하게 생각나는 강점이 아닌 결과를 만들어 낸 강점을 찾아내는 것이 중요하다. 내 강점이 무엇인지 가장 쉽고 정확하게 아는 방법은 좋은 성과를 낸 일들을 잘 살펴보는 것에서부터 시작한다.

1) 자기 이해하기

좋아하는 것 20가지 적어보기

잘하는 것 20가지 적어보기

하고 싶은 것 20가지 적어보기

2) 자기의 강점 찾기

자기가 가진 것이 얼마나 많은지를 찾아보는 시간

(예를 들면, 친구의 아픔을 들어줄 따뜻한 마음, 자연풍경으로 마음을 채울 수 있는 감각, 성실함, 유머, 인내 등)

친구들이 보는 자기의 강점 찾아보기

(5명 이상 만나기, 한 사람에게 3가지 장점 듣고 상대에게도 강점 말해주기)

여러 강점 중에서 자기를 대표하는 강점 결정하기

나를 대표 하는 나의 강점은 (   )이다.

3) 자신의 SWOT 분석

SWOT는 기업이나 개인이 미래 전략을 수립하기 위한 자기분석도구로서, 강점(Strength), 약점(Weakness), 기회(Opportunity), 위협(Threat)의 머리글자를 모아 만든 단어이다. 미국 경영컨설턴트 알버트 험프리(Albert Humphrey) 박사가 1960-70년대에 <포춘>잡지가 선정한 500대 기업들을 연구하면서 얻은 결과를 바탕으로 개발한 것이다.

내적인 면을 분석하는 강점/약점 분석과, 외적 환경을 분석하는 기회/위협 분석으로 나누기도 하며, 긍정적인 면을 보는 강점과 기회 그리고 그 반대로 위험을 불러오는 약점, 위협을 저울질하는 도구이다. 보통 X, Y축으로 2차원의 사분면을 그리고 각각 하나의 사분면에 하나씩 배치하여 연관된 사항들을 우선순위로 지배한다.

'적을 알고 나를 알면 백번 싸워도 위태롭지 아니하다'(知彼知己 百戰不殆)고 했다. 영국의 군사전략가인 리델 하트(Basil Henry Liddell Hart)는 전쟁에서 성공의 기본원리는 '자신의 강점을 점의 약점에 대해 집중하는 것'이라고 주장하였다. 이는 외부환경에 대한 깊은 통찰력을 바탕으로 자신의 강점을 최대한 활용하는 전략적 사고의 중요성을 의미한다.

자기가 보는 자신의 SWOT 분석

현재도 앞으로도 가지고 있으며 좋은 것	현재 가지고 있지만 개선해야 할 것
강점 (Strength)	약점 (Weakness)
기회 (Opportunity)	위협 (Threat)
현재는 없지만, 미래에 도움이 되는 것	지금보다 미래에 위험이 될 것

친구들이 보는 자신의 SWOT 분석

현재도 앞으로도 가지고 있으며 좋은 것	현재 가지고 있지만 개선해야 할 것
강점 (Strength)	약점 (Weakness)
기회 (Opportunity)	위협 (Threat)
현재는 없지만, 미래에 도움이 되는 것	지금보다 미래에 위험이 될 것

자기의 SWOT 종합과 전략

현재도 앞으로도 가지고 있으며 좋은 것	현재 가지고 있지만 개선해야 할 것
강점 (Strength)	약점 (Weakness)
기회 (Opportunity)	위협 (Threat)
현재는 없지만, 미래에 도움이 되는 것	지금보다 미래에 위험이 될 것

SWOT를 활용한 전략 세우기

① 강점을 가지고 기회를 살리는 전략

② 강점을 가지고 위험을 피하거나 줄이는 전략

③ 약점을 보완하며 기회를 살리는 전략

④ 약점을 보완하면서 위험을 줄이는 전략

3. 비전 만들기

비전은 삶의 북극성과 같다. 그 사람의 가장 깊은 열망, 가치를 담은 미래에 대한 선언이다.

우리는 매일 많은 선택을 하며 살아간다. 그 선택들 위에 우리의 하루가, 그리고 삶이 쌓인다. 하지만 "나는 지금, 어디를 향해 가고 있는가?" "그 방향은 내가 진심으로 원하는 삶인가?"라는 질문에 어떤 답을 할 수 있을까? 누구에게나 시간이 주어지는데, 그 시간을 어떤 방향으로, 어떤 의미로 채워갈지는 스스로 정해야 한다. 그 기준이 되어주는 것이 바로 비전(Vision)이다.

앞서, 미션(Mission)과 비전(Vision)을 얘기 하면서, 미션은 자기가 삶에서 추구하고자 하는 궁극적 가치, 즉 자기가 살아가는 이유며, 비전은 미션을 이루기 위해 추구해야 할 구체적인 미래의 모습(미래상)이라 했다. 자기의 존재 이유인 미션이 정해지면 그다음은 삶 프로젝트를 통하여 최종적으로 무엇을 달성할 것인가를 결정해야 한다. 이것이 삶의 최종 목표인 비전이다.
비전은 눈에 보이지는 않는 상상의 이미지로서 자기 삶이 가고자 하는 바람직한 방향의 미래 모습이다. 비전은 단순한 목표가 아니며, '무엇을 성취하겠다'가 아니다. 비전은 "나는 어떤 사람이 되고 싶은가?", "내 삶이 세상에 어떤 기여를 원하는가?"를 묻는 질문이다. 비전은 미래의 자기를 오늘로 끌고 오며, 지금의 선택에 힘을 주고, 자기가 흔들릴 때 중심을 잡아주는 삶의 나침반이다. 비전이 있다고 해서 삶이 쉬워지는 것은 아니다. 하지만 비전이 있으면, 길이 힘들어도 왜 가고 있는지를 알 수 있다.

비전이란 미래에 일어날 일을 현재 일어난 일처럼 생각하며 마음속에 이미지로 나타내 보이는 것이다. 비전의 이미지가 선명할수록 그것이 현실로 이루어질 가능성은 높아진다. 그러므로 눈을 감아도 떠오르고 눈을 뜨고 있어도 보일 때까지 지속적으로 상상하는 것이 필요하다.

컴퓨터 메모리에 저장이 되어 있지 않으면 출력될 수 없듯이, 자기의 미래도 뇌에 녹화되어 있지 않다면 상상이 불가능하다. 그러므로 상상을 하면 마음에서 경험을 하고, 이것이 현실로 이루어질 수 있다. 세상의 모든 것들은 마음의 상상에서 출발하여 창조된 것들이다. 자신의 미래에 대한 비전을 구체적으로 세우고 그것을 기록한 사람들이 성공한 비율이 훨씬 높았다. 라이트 형제의 비행기가 그랬고, 스티브 잡스의 스마트폰이 그렇게 창조되었다. 물론 비전을 세우지 않았는데도 우연한 기회를 잡아서 성공으로 이끈 사람들도 있다.

작가 켄 블랜차드(Ken Blanchard)는 <비전으로 가슴을 뛰게 하라>에서 '비전은 자신이 누구이고, 어디로 가고 있으며, 무엇이 그 여정을 인도할지를 아는 것이다'라고 말하고 있다. 이는 자신이 바라는 삶의 청사진을 잘 그려 갈 수 있도록 지침을 준다. 세계적인 경영학자 피터 드러커(Peter Ferdinand Drucker)는 미래를 예측하는 가장 정확한 방법은 직접 미래를 만드는 것이라고 말했다.

론다 번(Rhonda Byrne)의 <시크릿(The Secret)>에서는 '왜 전 세계

인구의 1퍼센트밖에 안 되는 사람들이 전 세계 돈의 96퍼센트를 벌어들이고 있다고 생각하는가?'라는 질문을 던졌고, 이에 대한 답으로 '끌어당김의 법칙'을 얘기 했다. 정말로 간절히 원하고 바라면 이루어진다고 말하고 있다. 긍정적인 생각을 할때 긍정적인 일을 끌어당기고, 부정의 부정을 한다면 긍정이 되는 것이 아니라 부정적인 일이 일어난단다. 사과씨를 심으면 사과가 나고, 호박씨를 심으면 호박이 나게 되어있다. 마음속에 무엇을 심을 것인가를 자신이 선택하고 창조해 나아가야 한다. 마음은 무한한 능력을 갖춘 가능성 상태 그 자체이기에, 마음밭에 심은 이미지는 씨앗으로 작용하여 열매인 미래상으로 마침내 열리게 된다. 자기가 원하는 모습만을 상황만을 생각하며 살아야 한다.

비전은 어떠해야 하는가?

- 자기가 미래에 이루고자 하는 상상의 미래 모습이므로 기쁘고 가슴 설레는 것이다.
- 자기의 꿈과 미션을 구체화한 것으로, 끊임없이 계발하고 발전시키는 변화를 수반하는 것이다.
- 바람직한 것으로 다른 사람과 함께 나누고, 사회에 기여토록 하는 것이다.
- 잘될 거라는 전제를 하고, 상황이 변하면 과감히 수정도 한다.
- 비전을 이루기 위해서 목표를 수립하고, 그 목표를 달성하기 위한 세부 계획을 세워 실천하고 노력하는 장기적인 것이다.

1) 자기의 꿈

(1) 자기 살펴보기

"나는 어떤 사람인가?", "나는 어떤 꿈이 있는 사람인가?", "나의 삶의 목표는 무엇인가?" 라는 질문을 자신에게 해 보자. 아직 구체적으로 그림이 그려지지 않는다면 이 질문들을 왜 하는지를 먼저 생각해 보자.

자기의 어린 시절의 꿈, 존경하는 인물의 꿈, 자기 미래의 꿈을 적어 보자. 지금은 탐색의 시간이므로 많이 써 볼수록 좋다. 각각에 대하여 최소한 3가지 이상을 적어보자.

자기의 장점, 열정을 적어보자. 장점은 반복되면서도 그 행위를 하면서 재미를 느끼고, 힘든 줄 모르고 하면서도 성과가 나는 그 무엇이다. 강점과 달리 남과의 비교가 아닌 자기 스스로 탐색하고 선택하는 것이다. 열정은 어떤 경우를 만났을 때, 무엇에 대해 열정이 나는지 생각해 보자. 장점과 열정을 최소한 3가지 이상을 적는다.

꿈은 현실적일 수도 있고, 비현실적일 수도 있다. 꿈은 상상하면 그려지고, 구체화 되면서 현실화를 거쳐, 이루어지는 단계로 옮겨간다. 자기의 꿈을 하나 정해 보자.

(2) 모든 게 가능하다면?

비전은 문서화하지 않은 목표는 행동으로 옮겨지지 않는다. 막연한 목표는 막연한 결과가 아니라 아무런 결과도 가져 오지 않는다.

<아들아, 머뭇거리기에는 인생이 너무 짧다> 강현구 저

다음의 각 항목에 3개씩 기록한다.

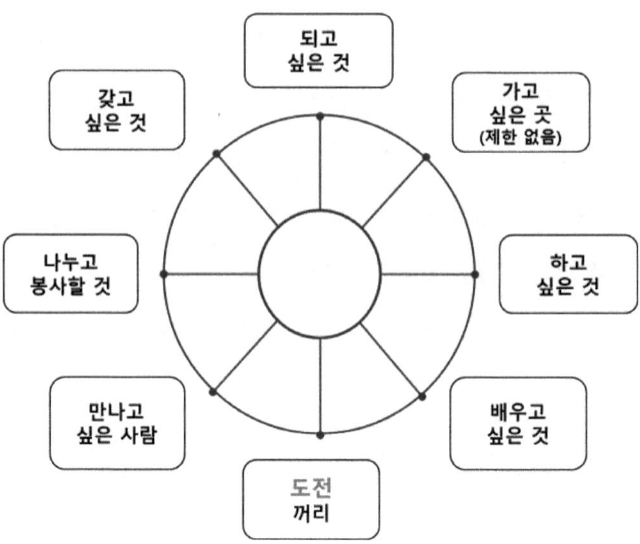

(3) 자기는 어떤 사람이라고 말하겠는가?

	지금의 나를 표현한다면?	미래에 희망하는 나를 표현한다면?
1		
2		
3		
4		
5		
6		

(4) 자기의 미래 뉴스

연도	나이	장소	전할 소식

(5) 자기가 만드는 미래의 자기

구분	내가 이룰 것	세부사항	슬로건
경제적			
정신적			
육체적			
가정적			
사회적			

2) 자기의 비전선언문 작성하기

✲ 나는 어떤 삶을 살고 싶은가?

✲ 내가 가슴 뛰는 일을 하며 살아간다면, 어떤 모습일까?

✲ 내가 미래에 도달하려는 목적지는 어떤 곳인가?

✲ 10년 후의 내가 지금의 자기를 보고 어떤 말을 해주면 좋을까?

비전 선언문
이름 : . 날짜 : 년 월 일
나의 비전 (한 문장으로 표현하기)
그 비전을 향해 실행할 것 ('~한다'로 표현, 5가지 이상)

4. 목표 세우기

미션과 비전은 삶의 북극성 역할을 함으로써, 삶을 방황하지 않고 활기차게 앞으로 나아가도록 도와준다. 그런데 상상만 하면 미션과 비전이 이뤄질까? 당연히 아니다. 여행자가 목적지만 생각해서는 여행을 마칠 수 없듯이, 미션과 비전을 이루기 위해서는 구체적인 목표를 세우고 실천에 옮겨야 한다. 미션과 비전이 삶의 목적지라면 그 목적지로 가기 위해 들러야 하는 정거장이 바로 목표이고, 그것도 미래 목표이다.

삶은 마치 바다 위의 항해와도 같다. 배가 아무리 크고 튼튼해도, 방향이 없다면 떠돌 뿐이다. 목표는 그 배에 달린 키 같으며, 목표가 있어야 삶은 움직인다. 흐름을 거스르기도 하고, 바람을 타기도 하며, 비로소 '가고 싶은 곳'을 향해 나아간다. 그렇다면 왜 목표를 세워야 할까? 목표는 단지 해야 할 일을 정해주는 도구가 아니라, 삶에 의미와 집중을 주는 선택입이다. 그리고 그 목표는 자기가 정말 원하는 삶을 향한 첫 다리가 되어준다. 기업에서는 미션과 비전에 이르도록 전략기획실 등에서 5년이나 10년 동안 달성할 중간 목표를 설정하고, 이것들이 제대로 실천되는지를 관리한다.

삶의 목표를 만듦으로써 무엇을 얻을까? 첫째, 자신의 미션과 비전에 호흡을 맞추는 목표를 설정함으로써 삶을 이끌어 가는 주인이 된다. 둘째, 목표가 있으면 삶에서의 나침반이 만들어지고 그에 따라 해야할 일이 분명해진다. 셋째, 자신의 에너지를 한 방향으로 모을 수 있고, 실행에서의 힘을 높여준다. 즉, 성공하는 삶을 위해서는 비전이 있어야 하고, 이에 따른 목표를 만들어야 하고, 그리고 실행을 위한 계획이 잘 수립되어야 한다.

이민규의 <1%만 바꿔도 인생이 달라진다>에 있는 내용이다. 1953년 예일대학교의 한 연구팀이 그 해 졸업반 학생들을 대상으로 분명한 삶의 목표를 글로 써서 가지고 있는 학생이 얼마나 되는지 조사했다. 그들 중 단 3%의 학생들만 글로 쓴 목표를 갖고 있었다. 20년이 지난 1973년, 이들을 대상으로 추적 조사가 실시되었다. 글로 쓴 목표를 가지고 있었던 3%의 사람들이 소유한 부는 나머지 97%의 사람들 모두의 재산을 합친 것보다 더 많았다는 사실이 확인되었다. 하버드대학교의 연구 결과도 이와 유사했다. 80%의 학생들은 특별한 목표가 없었고, 15%는 단지 생각만으로 목표를 가지고 있었으며, 나머지 5%는 글로 적은 뚜렷한 목표를 가지고 있었다. 그 5%에 속하는 학생 각자가 이룬 성과를 보았더니 그들 스스로 정한 목표를 능가했을 뿐 아니라 그들이 이룬 것을 전체적으로 보았을 때 나머지 95%를 합친 것보다 더 큰 성과를 이룬 것으로 나타났다.

목표를 정하는 것은 성공적인 삶뿐만 아니라 삶에 변화를 줄 수 있다. 성공 삶을 꿈꾸는 사람이라면 자신이 성취해야 할 꿈과 목표가 명확해야 한다. 만약 없다면 지금 당장 그 꿈을 찾아보자. 'OOO의 꿈 목록'을 만들어 보자. 만약 꿈의 목록에 100가지를 올려놓았다면 성공 삶의 시작을 알리는 것이다.

1) 삶 목표

삶에서의 비전과 목표를 가진 사람들은 불확실하게 가진 사람들보다 성취감을 맛볼 확률이 더 높다. 역사책, 모험담, 신문들은 이러한 사람들의 행로에서 비전과 목표가 나침반 역할을 한 얘기들로 채워져 있다. 나침반이 없는 방랑자들은 무엇이든 자기 길에 나타나는 것들을 받아들이기만 하는 사람들이다. 이들은 대개 자신들의 성취가 부족함에 대해 불만스럽고, 좌절하며, 스트레스를 느낀다.

(1) 삶 목표를 위한 가이드 라인

삶 목표는 자기 자신이 어디에 있는지, 원하는 것이 무엇인지를 확실하게 해주며, 현실과 미래를 성찰할 수 있으며, 철저한 자기관리를 할 수 있게 해준다.

① 자기가 정말로 원하는 삶은 자기의 목표여야 하고, 자기 자신에게 가치 있는 것이어야 한다.
자기의 목표는 자기와 관련되는 가정, 직장, 사회관계망 등을 함께 고려해서 정해야 한다. 무엇보다 자기가 삶에서 원하는 것을 결정하는 사람은 오직 '자기 자신'이며, '자기 자신'이 도전해 볼만한 가치가 있는 목표를 세워야 한다.

② 목표는 그 결과에 대해 긍정적으로 표현되어야 한다.
예를 들면, '더 뚱뚱해지지 말 것'이 아니라, '날씬하고 건강한 체중 60kg의 사람이 된다.'로, '직업상담사가 되기 위해 열심히 공부한다.'가 아니라 '올해 말까지 직업상담사가 된다.'로 표현되어야 한다.

③ 목표는 글로 작성되어야 하며 구체적이어야 한다.

행동으로 옮길 수 있는 구체적인 목표를 정해야 하며, 머릿속에만 둘 것이 아니라 시각적으로 보이도록 글로 작성해야 한다.

④ 목표는 실현 가능해야 하며 현실적이어야 한다.

목표는 실행 여부에 그 힘이 실려 있다. 이룰 수 없는 목표를 정하는 것은 스트레스를 만들어내고 의욕을 잃게 한다.

⑤ 목표는 융통성이 있어야 한다.

주변 상황은 언제든지 변화하기에, 목표 설정할 때는 예측이 불가능한 상황에도 대비할 수 있어야 한다.

(2) 목표는 SMART하게 세워라

	내용
구체적인 (Specific)	정확히 무엇을 하려고 하는가? - 목표는 명확히 알 수 있도록 구체적이고 분명하게
측정가능한 (Measureable)	목표달성 여부를 어떻게 알 수 있는가? - 어느 정도 달성되었는지 관찰 가능하며 계량화할 수 있게
달성가능한 (Achievable)	정말 달성가능한 목표인가? - 목표달성을 위해 무엇을 해야 하는지를 명확하게
현실적인 (Realistic)	지금 상황에서 실제로 가능한 것인가? - 현실적으로 적절하고 실현 가능하게
기한 설정 (Time-Bounded)	그 목표를 언제까지 달성할 것인가? - 목표달성 시간과 시기를 적절하게 설정하여 평가하게

[실습하기]

	( )영역	( )영역
구체적인 (Specific)		
측정가능한 (Measureable)		
달성가능한 (Achievable)		
현실적인 (Realistic)		
기한 설정 (Time-Bounded)		

	( )영역	( )영역
구체적인 (Specific)		
측정가능한 (Measureable)		
달성가능한 (Achievable)		
현실적인 (Realistic)		
기한 설정 (Time-Bounded)		

(3) 자기관리 목표설정 작성하기

① 장기, 단기 목표 설정하기

장기목표	단기목표
학교 졸업 후에 자기가 하고 싶은 것은 무엇인가?	이번 학기에 하고 싶은 일은 무엇인가?
5년 후 혹은 10년 후에 어떤 일을 하기를 원하는가?	이번 학기 시험을 위해 투자해야 할 공부 시간은 매주 독서할 책의 분량은?
목표를 이루기 위해 자기가 해야 할 일은 무엇인가?	그 분량을 소화하기 위해 어느 정도의 시간이 필요한가?
나의 장기 목표 (5년 또는 10년 후)	**나의 단기 목표 (　　학기)**

② 목표 블록 완성하기

여기에서 배운 목표설정 내용을 숙지한 후 개인적으로 작성하여 본다. 필요요건은 전공, 부전공과 복수전공, 어학, 기타(취미, 건강, 여가 등)로 구분한다.

<table>
<tr><td>나의 꿈
(장기목표)</td><td colspan="4"></td></tr>
<tr><td>필요한 역량</td><td colspan="4"></td></tr>
<tr><td>중간 목표
(자격증,
인증시험 등)</td><td colspan="4">1.
2.
3.</td></tr>
<tr><td rowspan="2">필요요건</td><td>전공(%)</td><td>부 · 복수
전공 (%)</td><td>어학(%)</td><td>기타(%)</td></tr>
<tr><td></td><td></td><td></td><td></td></tr>
<tr><td>4학년</td><td></td><td></td><td></td><td></td></tr>
<tr><td>3학년</td><td></td><td></td><td></td><td></td></tr>
<tr><td>2학년</td><td></td><td></td><td></td><td></td></tr>
<tr><td>1학년</td><td></td><td></td><td></td><td></td></tr>
<tr><td>구체적인
실천계획</td><td></td><td></td><td></td><td></td></tr>
</table>

출처 : 충북대학교 자기주도학습교재_한국멘토링코칭센터(주), 이용철, 2010년

(4) 해야할 일

지금부터 10년 또는 15년 후 등, 자기 인생의 어떤 미래 시점을 생각한다.

그 해까지 성취할 목표 서너 가지를 적는다. 명확하고 간결하게, 목표를 결과물의 형태로서 진술한다.

①

②

③

④

이제 다음 질문들로써 각각의 목표 진술을 시험해 본다.

✲ 이것이 내가 정말로 원하는 것인가?

✲ 이것은 내가 할 수 있는 일인가?

✲ 이것은 내가 성장할 수 있도록 해줄 것인가?

✲ 이것을 성취했다고 어떻게 알 수 있을 것인가?

위 질문들에 대한 답이 가르쳐주는 바에 따라 자기의 목표 진술을 수정한다.

자기의 목표를 확인하고 나면, 자기의 창조적 잠재의식이 기회를 잡아 그것들을 향해 갈 수 있게 할 것이다. 마치 목표들을 이미 달성한 것처럼 감각 체험적인 구상을 매일 해보도록 한다.

2) 종합커리어 목표

자기의 주요 삶 목표는 특정한 커리어 목표를 포함할 수도 있고 그렇지 않을 수도 있다. 현재 자기계발 계획의 초점을 맞추기 위해서는, 자기의 흥미를 끄는 일에는 무엇이 있는지에 대한 명확한 개념을 가지고 있는 것이 중요하다. 다음의 질문에 솔직하고 간결하게 답하도록 한다.

✲ 만약 내가 원하는 어떤 일이라도 맡을 수 있다면, 어떤 일을 선택할 것인가?

- 왜? 그 일이 어떤 니즈(needs)를 충족시키는가?

✲ 나는 돈을 버는 것에 얼마나 가치를 두는가? (10점 만점으로 점수 매기기)

- 그 이유는 무엇인가?

- 그것이 나의 어떤 니즈(needs)를 충족시키는가?

✲ 내가 원하는 생활 수준으로 살려면 얼마만큼의 년 수입이 필요한가?

- 현재 ______________________

- 5년 후 ____________________

- 10년후 _____________________

- 최종적으로 __________________

✲ 정말로 내가 하고 싶은 일의 종류는 무엇인가?(우선은 수입과 지위 차이를 무시하라.)

- 그런 일은 어떤 니즈를 충족시키는가?

✲ 나에게 성취감을 주는 것에는 어떤 것들이 있는가?

✲ 경험해 본 일들 중에서 어떤 점을 가장 좋아했는가? 그 일에서는 어떤 니즈가 충족되었는가?

✲ 경험해 본 일들 중에서 가장 싫었던 점은 무엇인가? 어떤 니즈가 충족되지 못했는가?

✲ 앞으로의 일 경력에서는 무엇을 얻길 바라는가? 어떤 니즈가 충족되길 바라는가?

자기의 응답을 읽어보고, 자기가 기록한 정보와 자기의 현재 일의 성격을 비교한다. 경험해 본 일이 자기에게 안성맞춤일 수도 있고, 다른 일이 더 매력적일 수도 있을 것이다.

5. 직업 설계하기

1) 직업에 대한 생각 정리하기

(1) 대학 생활을 어떻게 보낼까?

✲ 나는 대학 생활을 어떻게 바라보고 있는가?

✲ 내가 대학 생활에서 바라는 것은 무엇인가?

✲ 나는 삶을 어떤 관점으로 바라보고 있는가?

(2) 직업이 자기의 삶에 미치는 영향

✲ '배우자 선택 = 경력관리 = 경제력 = 내적 만족 = 행복' ==> '직업' 인가? 아니면 또 무엇인가?

✲ 나의 직업 선택에 있어 가장 중요하게 고려하는 요인은 무엇인가?

(3) 대학 생활을 하는 동안 취업 준비 전략

① 대학생으로 취업 준비를 위한 나만의 전략은?

② 취업 준비 전략 참조

✲ 비전 수립 : 꿈, 비전, 목표, 가치관, 삶의 의미.

✲ 자기 탐색 : 적성, 흥미, 성격, 강점, 재능 등.

✲ 직업 정보 탐색 : 목표 직업, 기업, 업종 분석, 조직 이해, 트랜드, 비즈니스 역량 구축, 산업 환경의 변화 등.

✲ 최소한의 스펙구축 : 학력, 학점, 어학능력, 자격증 등.

✲ 다양한 경험 쌓기 : 해외인턴, 동아리, 사회봉사, 공모전 등.

2) 직업 이해

(1) 직업 정의

① 직업이란?

✲ 직업의 사전적 의미

한 사람이 독립적인 삶을 꾸려 가려고 경제적 보상을 받으면서 자발적으로 하는 지속적인 활동

✲ 직업의 일반적 의미

- 정신적 육체적 노동에 따른 대가.
- 경제성이 없는 취미 활동이랑 오락 활동은 직업이라고 할 수 없다.

② 직업의 기능

- 경제적 생계 수단

- 자아실현의 통로

- 사회적 봉사의 수단

✲ 내가 생각하는 직업의 의미는 무엇인가?

✲ 내가 알고 있는 직업의 가지 수는 얼마나 될까?

다양한 사람들의 살아 있는 직업을 경험하거나 알아볼 때 필요한 질문들

✲ 현재의 직업을 가지게 된 계기는?

✲ 취업을 하게 된 경로는?, 취업을 위한 자격 요건은?

✲ 기업에서 맡았던 주요 업무는? 사용한 직무역량은? 근무조건은?

✲ 만족했던 점으로는?, 어려웠던 점으로는? 등

(2) 직업의 변화

① 직업 세계 변화의 특징

✲ 새로운 전문가의 시대 직업적인 융합이 많이 일어나는 시대

✲ 융합이 된 직업 알아보기

✲ 융합을 할 수 있는 직업 찾아보기

✲ 직장인에서 직업인의 개념으로 이동되는 시대에 평생직장이란 없다.

한 명이 노동을 하는 동안 6~7개 이상의 직업을 경험하게 되는 시대이다. 한 직장에서 평생을 일하고 퇴직하는 시대가 아닌 전문적인 기술이나 능력을 가지고, 여러 곳에서 직업을 이어 나가는 형태로 나가고 있다.

✲ 창조적 자본주의

✲ 글로벌 시대

✲ 직업의 빠른 생성과 쇠퇴

대학을 입학하고 졸업하는 기간에도 직업이 생성되거나 사라지기도 하는 시기다.
5년 안에 트랜드의 큰 변화가 일어날 수도 있다.

② 직업에서 새롭게 요구되는 능력과 직업 인식
✲ 가치중심 배려를 통한 인성
✲ 국제적 감작, 다양성의 수용
✲ 창의적 아이디어, 지식의 융합

✲ 커뮤니케이션 능력과 자기주도성

(3) 직업 선택 전략

✲ 직업은 나의 삶에 어떤 영향을 미칠까?

✲ 남들이 부러워하는 일을 하면, 나는 정말 만족스러울까?

✲ 나에게 유망한 직업은 따로 있나? 아니면?

✲ 나에게는 정말로 어떤 직업이 유망한 직업일까?

✲ 사람들 대다수가 정하는 직업 선택의 기준은 뭘까?

✲ 내가 생각하는 가장 중요한 직업 선택 기준 3가지는 어떤 것인가?

(4) 자기의 직업선택 기준표 만들기

직업	Why	What	Who	How		
	원하는 이유	예상되는 삶의 모습	롤 모델	방법	방해요소	극복방안

'자기 미래 다듬기'를 마무리하면서....

	내용
Connect 신뢰 형성	나에게 도전으로 다가오는 것은 무엇인가?
Aim 목표 공유	'자기 미래 다듬기'를 마치면서 무엇을 이루고 싶은가?
Now & Here 현재 인식	목표와 관련된 나의 현재 상태는 어떠한가?
Visualize 대안 그리기	목표를 이루는 방법으로 무엇이 있을까?(3가지 이상)
Attempt 실행 의지	여러 가지 대안 중에 무엇을 먼저 시도할 수 있을까?
Support 후원 환경	계획이 잘 이루어지고 지속되려면 또 무엇이 필요한가?

만약, 내일이 없다면 오늘 무엇을 할 것인가?
<다니엘 윌해리스 (웹 그래픽 디자이너)>

IV.

자기 현재 살피기

'어떻게 사는 것이 사람답게 사는 것인지?' 이 부분이 요즘 많은 분들이 궁금해 하실거 같아 소개드린다.

'무엇 때문에 사느냐?'고 물으면 대부분 '왜 살기는 왜 살아? 사니까 사는 거지' 이렇게 대답하는 사람들이 대부분이며, 서울역에서 길을 가는 사람에게 이런 질문을 하면 미친 사람 취급을 할 것이다.

서울역을 어떻게 가는지 물어보면 가르쳐 주는 사람들이, 무엇 때문에 사는지 삶의 의미를 물으면,
"살기는 왜 살어? 사니까 사는 거지!" 하고 말하며
'정신 나간 사람'으로 취급한다.

삶에 있어서 어떤 질문이 더 중요한가?
'무엇을 위해 살 것인가?'라는 질문은 삶의 의미를 묻는 것이면서, 동시에 사람답게 살기 위해 어떻게 살 것인가 하는 뜻도 담고 있다.

사람답게 사는 길이 무엇인가를 놓고 매일 5분씩이라도 생각하면서 산다면, 우리는 분명 하루하루를 뜻깊게 살아갈 것이고, 우리 이웃에도 도움을 줄 것이고, 우리 사회도 더 사람으로서 서로를 존중하는 사회로 변화될 것이다.

요즘처럼 사람다운 면이 사라지고 점점 서로를 불신하는 시대에 꼭 필요한 말인 것 같다.

1. 생활 태도/습관 돌아보기

1) 습관

게리 켈러(Gary Keller)의 <원씽>(The One Thing)에 있는 내용이다. 성공에 대해 이야기할 때마다 우리는 늘 '관리'와 '습관'이라는 단어를 만나게 된다. 그 의미는 다르지만 이 두 단어는 높은 성과를 이루는 바탕으로 함께 작용한다. 어떤 목표를 위해 주기적으로 노력하다 보면 그것이 주기적으로 높은 성과를 보장해 주는 것이다. 본질적으로 자기 관리를 철저히 한다는 건 자신을 스스로 정한 방식대로 행동하도록 훈련하는 것과 같다. 그 훈련을 충분히 유지하면 일상, 달리 말해 습관이 된다. 그러니 '자기 관리에 철두철미하게 보이는 사람도 실제로는 몇 가지 바람직한 습관을 만들어 확립시킨 것뿐이다.'

습관은 우리가 알게 모르게 반복하는 행동이다. 오랫동안 되풀이하여 행해져서 그렇게 하는 것이 규칙처럼 되어 있는 행위를 말하는데, 지속적으로 반복되는 행동양식이라 말할 수 있다. 심리학에서 습관은 학습에 의해 후천적으로 획득되어 되풀이하여 행해진 결과 비교적 고정화하기에 이른 반응 양식이라고도 한다.

아침에 일어나면서 자동적으로 하는 행동을 생각해 보자. 잠자리에서 일어나서 화장실에 가고, 아침을 먹고, 집안 정리를 하고, 옷을 갈아입고 밖으로 나간다. 사람마다 자신만의 방식이 정해져 있기에 고민하지 않는다. 의식을 사용하지 않고 할 수 있는 일이기 때문에 이런 아침의 준비 과정을 어렵다거나, 노력이라고 생각하는 사람도 별로 없다. 성인은 이런 일을 대개 습관적으로 하고 있다.

뇌 과학자들은 사람 행동의 절반 이상은 무의식적인 습관에 의한 조건반사적 행동이라고 말한다. 하루의 절반 이상의 행동은 자신도 모르게 습관적으로 이루어진다는 말이다. 이렇듯이 오랜 시간에 걸쳐 자기도 모르게 스며든 다양한 습관들과 생활태도는 성인이 되어서도 그 습관에 반응하고 행동하며 자기에게 크고 작은 영향을 미친다.

아리스토텔레스(Aristotle)는 '사람은 어떤 한순간의 노력으로 특정지어지는 것이 아니라 반복되는 행동에 의하여 규정된다. 그러므로 위대한 것은 습관이라고 말했다. 운명은 그 사람의 성격에 의해 만들어진다.'고 했다. 영국 극작가 토머스 데커(Thomas Dekker)는 '성격은 그 사람의 일상생활의 습관에서 만들어진다. 때문에 오늘 하루 좋은 행동의 씨를 뿌려서 좋은 습관을 거두어들이도록 해야 한다. 좋은 습관으로 성격을 다스린다면 그때부터 운명은 새로운 문을 열 것이다.'라 했다. 우리에게 일상의 활동에서 무의식적으로 반복되는 습관을 알아차리고 늘 깨어 있으려고 노력하는 것은 중요하다.

습관의 행동들이 모여 현재의 자기가 만들어져 있고 그것이 축적되어 미래의 자기를 결정한다. 습관은 나와 함께 동행하며 가장 훌륭한 조력자가 되기도 하며, 가장 무거운 짐이 되기도 한다. 자기의 미래설계가 삶의 목표를 이루어가는 과정이라고 정의한다면 그 과정은 좋은 삶의 습관을 만들고 좋지 않은 습관을 버려가는 과정이라 표현할 수 있을 것이다.

습관 이야기를 하면서 먼저, 자기의 습관을 들여다 보고 그에 대한 이득과 손실을 적어보는 것이 필요하다. 그것을 적어보면 기존의 습관을 버리고 새로운 습관을 갖는 동기가 발견하게 된다.

(1) 현재 어떤 삶을 살고 있는가?

✲ 내가 삶을 사는 데 있어, 중요하게 생각하는 5가지는 무엇인가?

✲ 위 5가지에 대한 자기 생각을 표현해 보자.

1.	
2.	
3.	
4.	
5.	

✲ 위 내용을 한 문장으로 정리한다면?

'현재 __________ 는

한 삶을 살고 있다'

자기의 습관 들여다 보기

현재 나의 습관	유익한 점	손실되는 점

✲ 이것을 적으면서 무엇을 깨달았는가?

(2) 변화시키고 싶은 자기 습관과 행동을 적어보자.

변화하고 싶은 습관들	유익한 점	손실되는 점

습관도 만들 수 있다

기존의 습관을 바꾸려면 어느 정도의 지속성이 필요하다. 그 지속성의 시간은 최소 21일이야 한다고 미국의 성형외과 의사이자 심리학자 맥스웰 몰츠(Maxwell Maltz)가 1960년대 그의 저서 '성공의 법칙'에서 처음 주장한 내용이다. 21일이라는 시간의 개념은 생각이 의심과 고정관념을 담당하는 대뇌피질과 두려움과 불안을 담당하는 대뇌변연계를 거쳐 습관을 관장하는 뇌간까지 가는데 걸리는 최소한의 시간이다. 런던대학교 필리파 랠리(Phillippa Lally) 교수도 사람의 뇌는 반복되지 않아 시냅스가 형성되지 않은 것에는 저항을 일으킨다. 그것은 아직 그 행동을 입력해 놓을 기억세포가 만들어지지 않았기 때문이라며 새로운 행동이 습관화하고 뇌에 각인하기 위한 최소의 시간이 21일이다 라고 말했다. 그리고 변화하려고 하는 습관이 루틴이 될 정도로 몸에 배게 하려면 66일이 더 필요하다. 2009년 '유럽사회심리학저널'에서는 특정한 행동을 매일 같은 시간에 행동하도록 한 결과, 습관이 몸에 배기까지(그 행동을 하지 않았을 때 더욱 힘든 상황) 평균 12주가 소요되었다고 한다. 즉, 새로운 습관을 완전히 자기 것으로 만들려면 3개월 정도가 걸린다는 말이다.

후루카와 다케시(古川武士, Takeshi Furukawa)의 <습관 리셋>과 스티븐 기즈(Stephen Guise)의 <습관의 재발견>에 의하면 습관을 고치는 노하우를 이렇게 말하고 있다.

① 몰래 하지 말고 공공연히 말하라.
② 주변 사람들에게 칭찬을 부탁해 두어라.
③ 하루 계획량은 최대한 적게 잡아라.
④ 자기가 설정한 한 기간에 하나의 습관만 바꾸어라.
⑤ 목표를 달성한 이미지를 책상위에 붙여 두어라.
⑥ 최종 목표를 생각하되 매일의 일과 달성에 더 집중하라.

⑦ 목표를 글로 써서 붙이고 매일 아침 열 번을 외쳐라.

⑧ 매일 체크리스트를 만들어 점검하라.

<해빗 스태킹(Habit Stacking)>의 저자 스티브 스콧(S.J. Scott)은 "습관은 바꾸는 것이 아니라 쌓는 것이다"라는 명언을 남겼고, 습관을 크기와 역할에 따라 세 가지로 구분했다.

첫째는 핵심 습관(Keystone Habits)인데, 개인의 다른 여러 행동에도 긍정적 연쇄 반응을 일으키는 강력한 습관이다. 하나의 핵심 습관이 바뀌면, 다른 삶의 영역(시간관리, 건강, 사람관계 등)까지 변화가 확산 된다. 작은 변화로 시작하지만, 장기적으로 삶의 패턴 자체를 바꾼다. 예를 들면, 매일 아침 30분 독서는 사고방식을 전환시키며, 나아가 시간활용 능력을 향상시킨다.

둘째는 보조 습관(Support Habits)인데, 단어에서 나타나듯 핵심 습관을 강화하거나 실행을 돕는 역할을 하는 습관이다. 직접적으로 삶을 크게 변화시키지는 않지만, 핵심 습관이 끊기지 않도록 지원한다. 예를 들면, 운동을 어디에서 할지 결정하기 위해 날씨 예보 확인하기, 출발하기 전 아침에 미리 운동복 챙겨두기, 아침마다 몸무게를 재기 등으로 운동 습관을 지속하기 쉽게 만든다.

마지막으로 코끼리 습관(Elephant Habits)인데, 한 번에 완성하기 어려운 거대한 과제를 작게 나눠 꾸준히 수행하는 장기적 습관이다. 대형 목표를 압도당하지 않고 실천 가능하게 만든다. 작은 조각으로 잘게 나누어 매일 처리하면서 거대한 성취를 이룬다. 예를 들면, 책 쓰기가 이에 해당된다. 매일 10분씩 책 쓰기를 해서, 6개월 후에는 책을 완성하게 된다.

핵심 습관은 삶을 이끌고, 보조 습관은 이를 지탱하며, 코끼리 습관은 거대한 꿈을 현실로 만든다. 스티브 스콧은 이렇게 습관을 구체적으로 설계하고 '작은 실행'으로 매일 반복하는 것이 성공적인 삶의 기본 엔진이 된다고 강조했다.

자기만의 핵심 습관, 보조 습관, 코끼리 습관을 만들어보자.

핵심 습관	보조 습관	코끼리 습관

2) 삶의 수레바퀴

	점수	개선(유지)안
커리어 (직장)		
재무		
건강		
가족관계		
대인관계		
자기계발		
여가		
시간관리		

3) 돈의 의미와 관리

재산이 많은 사람이 그 재산을 자랑하고 있더라도, 그 돈을 어떻게 쓰는지 알 수 있을 때까지는 그를 칭찬하지 마라. - 소크라테스

✲ 그동안 나는 돈을 어떻게 관리했는가?

- 태어나서 현재까지 내가가 사용한 돈의 사용내역은 어떻게 되는가?

사용한 곳	금액
합계	

- 내가 현재 보유하고 있는 재산의 명세서는 어떻게 되나?

보유하고 있는 재산	금액
합계	

✿ 내가 생각하는 돈이란 어떤 것인가?

어떤 사람에게는 돈이 권력을 의미하며, 어떤 사람에게는 사랑을 의미하기도 한다. 돈에 관해 언급하는 것을 어떤 사람은 천박하고 교양이 없는 것으로 생각하지만, 어떤 사람은 성보다 더 개인적인 것으로 생각하기도 한다. 다음 문항은 자기에게 돈이 어떤 의미인가를 알아보기 위한 것이다.

'전혀 그렇지 않다'면 1을, '대체로 그렇지 않다'면 2를, '중간이다'면 3을, '대체로 그렇다'면 4를, '매우 그렇다'면 5를 각 문항의 밑줄친 부분에 써 넣어라.

내용	점수
1. 내 생활수준이 동료들의 생활수준과 비슷하거나 더 낫도록 유지하는 것은 중요하다.	
2. 상품을 구매할 때, 다른 사람이 나의 선택을 어떻게 생각할지를 중요하게 생각한다.	
3. 돈이 곧 권력이므로, 나는 권력을 얻기 위해 열심히 돈을 벌 것이다.	
4. 나는 명품을 선호한다.	
5. 어려울 때를 대비하여 저축하는 것이 내 삶의 중요한 원칙이다.	
6. 여유 돈을 가지고 있다면, 돈을 많이 벌 수는 있지만 위험이 있는 방법보다는 돈을 적게 벌더라도 안전한 방법으로 투자할 것이다.	
7. 파산은 나에게 일어날 수 있는 최악의 일이다.	
8. 은퇴를 대비하여 저축하는 것은 나의 중요한 경제적 목표이다.	
9. 갑자기 많은 돈이 생긴다면 나는 하고 싶었거나 가지고 싶었던 것에 돈을 쓸 것이다.	
10. 돈은 영원히 소유할 수 없는 것이기 때문에 쓰는 것이 당연하다.	
11. 돈으로 행복을 살 수는 없지만, 돈은 행복하게 사는 데 도움이 된다.	
12. 돈으로 무엇을 사는 것은 그 이상의 즐거움을 나에게 준다.	
13. 나는 경제적 자립을 위해 직업을 갖으려 한다.	
14. 나는 내가 번 돈을 어떻게 쓸지 내가 결정할 수 있어서 좋다.	
15. 돈 때문에 누군가에게 의존해야 한다는 것이 나를 힘들게 한다.	
16. 함께 식사한 사람이 돈을 내면 나는 빚진 것 같아 마음이 불편하다.	

출처 : Arond, M., & Pauker, S, L. (1987). The first year of marriage. New York : Warner Books ('나를 찾아 떠나는 심리여행'. 257~261쪽 정종진 (시그마 북스. 2010년)에서 재인용)

<채점 방법>

4문항씩 4영역으로 구분하여 각 영역의 점수를 합산한다.

1~4번 점수 (　　) - 지위로서의 돈

5~8번 점수 (　　) - 안전으로서의 돈

9~12번 점수 (　　) - 즐거움으로서의 돈

13~16번 점수 (　　) - 자립으로서의 돈

<결과 해석>

각 영역의 점수범위는 4~20점이 된다. 점수가 높을수록 그 영역의 성향이 높다는 것을 의미한다.

17~20점 ---- 매우 높음

13~16점 ---- 높음

9~12점 ---- 보통

4~ 8점 ---- 낮음

③ 돈의 의미와 관리

돈은 우리가 원하는 것을 구매하는 데 사용되는 단순한 동전, 종이가 아니라 지위, 안전, 즐거움 및 자립의 근원이다. 사람들이 돈에 대해 갖는 의미를 아론드(M. Arond)와 파커(S, L. Pauker)는 다음과 같이 네 가지지 성향으로 설명하고 있다. 우리는 돈에 대해 한 가지 이상의 성향을 가질 수 있다.

첫째, 지위로서의 돈 : 돈을 지위로 생각하는 사람은 돈이 권력과 사람관계를 유지하는 수단이라고 여긴다. 자기 생활수준을 주변 사람들의 생활수준과 비슷하거나 더 낫게 유지하기, 상품을 구매할 때 주변 사람들이 어떻게 볼지를 고려하기, 돈을 힘으로 여기기 등의 태도를 지닌다.

둘째, 안전으로서의 돈 : 돈이 안전을 보장해 준다고 생각하는 사람은 소비보다는 저축에 관심을 갖는다. 어려울 때를 대비해 저축하기, 여윳돈이 있다면 안전한 곳에 투자하기, 은퇴 후를 위해 저축하기 등의 목표를 가진다.

셋째, 즐거움으로서의 돈 : 돈이 즐거움을 가져다 준다고 생각하는 사람은 자신이나 다른 사람에게 돈을 쓰면서 기쁨을 얻는다. 돈은 영원히 가지고 있을 수 없으니 즐거움을 위해 돈을 쓰며, 행복하게 살기 위해 돈을 소비한다.

넷째, 자립으로서의 돈 : 돈을 자립의 수단으로 여기는 사람은 돈이 다른 사람들로부터 자신의 삶을 독립적으로 유지시켜 줄 수 있다고 생각하므로 경제적인 자립을 추구한다. 경제적 자립을 추구하고, 돈을 모으기 위해 직업을 갖고, 함께 식사를 하더라도 밥 값은 각자가 내어야 한다는 의식을 갖고 있다.

우리는 때때로 돈이 우리의 삶을 지배한다고 생각한다. 우리는 깨어 있는 시간의 80% 정도를 돈을 벌고, 돈을 쓰고, 돈에 대해 생각하는데 사용한다. 아메리칸 익스프레스(Americam Express)의 재정고문단이 실시한 한 조사에서 미국인의 66% 정도가 성이나 건강 또는 사람관계보다 돈과 직업을 위해 더 많은 시간을 사용한다고 밝힌 바가 있다. 삶에서 가장 중요한 것이 물질이나 돈은 아니지만, 우리는 돈과 관련된 문제를 종종 겪게 된다. 물론 돈에 대해 걱정을 하면서 삶을 즐기기는 어렵다. 그러나 반드시 부자여야만 행복한 것은 아니며, 부자라고 해서 모두 다 행복한 것도 아니다. 이것은 사람의 행복이 돈의 양에 달려 있는 것이 아니라 어떻게 돈을 관리하느냐에 달려 있다는 것을 의미한다. 그러면 어떻게 돈을 관리해야 할 것인가?

첫째, 돈의 한계에 대해 인식하라. 사람들이 돈에 대해 갖는 생각은 사회에 의해 만들어지게 되는데, 불행히도 우리 사회는 경제적인 부를 성공으로 간주하는 경향이 있다. 그리하여 많은 사람들은 돈이 행복과 성공을 가져다 준다고 믿고 더 많은 돈을 모으기 위해 끊임없이 노력한다. 그러나 이런 사람들은 돈에 대한 지나친 집착 때문에 삶에 있어서 정말 중한 것들을 잃게 된다. 돈으로 살 수 있는 것도 있지만, 돈으로 살 수 없는 것도 있다.

돈으로 살 수 있는 것 : 집, 침대, 책 음식, 사치품, 장식품, 약 동료, 오락 등
돈으로 살 수 없는 것 ; 가정, 잠, 지혜, 식욕, 문화, 아름다움, 건강, 우정, 행복 등

둘째, 예산을 세우고 지켜라. 예산을 세우는 것은 의도적으로 소득과 지출의 균형을 맞추기 위한 것이다. 즉, 예산은 우리가 사고 싶은 것을 사지 못하게 하는 것이 아니라 우리가 돈으로 무엇을 살 것인가를 적

극적으로 결정하는 것이다. 예산을 세우는 것은 어디에 돈을 쓸 것인가를 미리 구체적으로 결정하는 것이기 때문에 불필요한 지출을 막을 수 있다. 따라서 예산을 세우게 되면 돈의 씀씀이를 조절할 수 있게 되어 경제적인 어려움을 사전에 예방할 수 있다. 예산을 세울 때는 자신이 원하는 것과 필요한 것을 구분해야 하며, 각각의 지출항목에 대해 지출 가능한 액수를 정해야만 한다. 예산에 맞춰서 생활하는 것이 처음에는 어려울 수도 있고, 예산에 맞추어 생활하려면 구매하고자 하는 충동과 지나친 소비를 자제할 수 있는 통제력이 절대적으로 필요하다. 힘들긴 하지만 예산에 맞추어 꾸준히 생활하다 보면 자신이 돈에 지배당하기보다는 자신이 돈을 지배한다는 느낌을 가지게 될 것이다.

셋째, 저축에 대한 계획을 세워라. 어떤 사람들은 저축의 장점을 잘 알지 못하며, 또 어떤 사람들은 저축을 단순히 자신들이 지불해야만 하는 비용으로 생각하기도 한다. 그러나 저축은 질병이나 사고 혹은 실직 등의 재정적 위기에 대한 준비이며, 생활에 안정을 가져다준다. 어릴 때부터 매달 아주 적은 돈을 저축하기 시작해서 일생 동안 계속 저축을 한다면 그 저축액은 놀랄 만큼 증가할 것이다. 이처럼 미래를 위해 저축을 할 때 시간은 자기의 편인 것이다.

넷째 신용카드의 과다 사용을 삼가라. 신풍카드는 사용이 편리하고 현금이 없이도 언제든지 구매가 가능하다는 장점이 있지만, 반면에 과다한 지출을 부추기며 충동구매를 자극하는 단점도 가지고 있다. 또한 이자율이 매우 높아 실제 구매액보다 훨씬 더 많은 비용을 지불해야 하며, 자신도 모르는 사이에 빚이 눈덩이처럼 불어나게 된다. 즉 신용카드의 사용은 미래의 수입을 차용하는 것이고, 구매의 즐거움에 대해 아주 높은 이자를 대가로 지불해야만 한다.

2. 시간 사용

세상에 성공한 사람들 중엔 의외로 한가지 스타일의 복장을 고수하는 사람들이 적지 않다. 스티브 잡스는 사람들을 만날 때, '검은색 터틀넥(목이 반 정도 올라오는 티셔츠)과 청바지'를 고집했다. 마크 저커버그의 후드티나 버락 오바마의 셔츠(회색과 푸른색 셔츠), 아인슈타인의 회색 정장, 역시 그랬다. 중요한 건 특정 옷차림이 아니라 이들이 왜 같은 옷을 고집했는가이다. 이들은 '매일 아침 무엇을 입을지 결정하는 건 시간 낭비'라는 생각이 깔려있고, 최소의 의사결정만 하고 싶다는 '선택 피로'를 줄이려 했다. 마크 저커버그는 "입을 옷을 고르는 것은 집중력을 흐트러트릴 뿐이다. 그 에너지를 좀 저 좋은 제품과 서비스를 만드는데 쏟고 싶다."라 했다.

과연 하루의 시간을 어떻게 사용하는 것이 좋은 선택일까?
시간은 누구에게나 공평하게 주어지는 유일한 자원이다. 하루는 24시간, 1,440분, 8만 6,400초다. 이 사실은 그 동안의 역사가 반복되는 동안 변하지 않은 것이다. 이 글을 읽는 지금도, 우리에게 주어진 시간도 똑같다. 그러나 결과는 사람마다 다르다. 대다수 사람은 자신의 많은 시간을 무의식 중에 잡다한 활동으로 채운다. 시간을 어떻게 사용하느냐는 각자의 역량에 달려 있다. 상대적으로 생산성이 높은 사람들은 '중요하지만, 하기 싫은 일'을 아침에 하는 공통점이 있다.

비즈니스 컨설턴트이자 사회학자인 젠 예거(Jan Yager)는 뉴욕 윌리엄 패터슨 대학교에 출강하며 30여 년간 시간 관리를 연구했다. 그는 시간 관리가 삶의 질을 결정한다고 한다. "시간 관리 기술은 성장의 큰 자산이 된다. 시간 관리에 유능한 사람이 직장이나 학교에서 인정받는다."

시간은 무형의 자원으로 이를 잘 다루기 위해서는 시간을 잘 이해해야 하고, 시간 사용의 의지와 기술이 잘 융합되어야 한다. 시간은 저장이 불가능하다. 사용하지 않아도 자연소멸 되며 지난 후엔 그 가치를 상실하게 되기에 시간을 잘 활용하지 못한 사람에게는 그 시간이 다시 돌아오는 대신 후회라는 상처만 돌아오게 될 뿐이다.

효과적인 시간관리는 삶의 질을 결정짓는 핵심 역량이다. 시간을 잘 관리하면 스트레스가 줄고 여유가 생긴다. 시간은 한 번 지나면 되돌릴 수 없는 자산이다. 하루 1%의 시간 차이는 1년 후 큰 성과의 차이로 이어진다. 결국, 시간관리는 곧 자기 삶을 설계하고 이끄는 일이다.

1) 자기의 하루, 자기의 일주일은?

지난주에 자기가 한 일을 적기

1.	2.	3.
4.	5.	6.
7.	8.	9.
10.	11.	2.
13.	14.	15.
16.	17.	18.
19.	20.	21.
21.	23.	24.

지난주에 했던 일의 평균 시간 구하기

시간 구분	내용	하루 평균 사용 시간	시간관리(+ / -)
통제 불가능한 시간			
통제 가능한 시간			

2) 시간관리 이해

(1) 시간관리란?

시간관리란 자기 자신과 자기의 생활을 관리하는데 주어진 시간을 극대화하여 의미 있게 사용하는 것이다. 시간을 낭비하지 않고 최대로 이용하는 것이다.

시간관리를 경제적인 측면에서 바라볼 것인가? 삶관리라는 측면에서 바라볼 것인가? 또 다른 관점에서 바라볼 것인가? 등에 의해 여러 가지를 생각할 수 있다.

(2) 시간관리의 4가지 목표

- 스트레스 감소
- 균형 / 자기통제
- 생산성 향상
- 목표달성 기간 단축

(3) 시간관리의 발전

- 1세대 : 메모지 기록과 목록표 작성
- 2세대 : 달력과 약속기록부, 스케줄 작성
- 3세대 : 우선순위, 중요한 것, 사안의 가치를 부여해 일감의 이익을 서로 비교
- 4세대 : 시간을 관리하지 않고, 자신을 관리한다. 생산과 생산능력 간의 균형유지

(4) 4세대 시간관리

✲ 원칙 중심적이다.

✲ 양심지향적이다.

✲ 가치관과 장기목표를 포함하여 자신만의 독특한 사명을 정해준다.

✲ 역할을 규명함으로써 생활을 균형 있게 해 준다.

✲ 주간 단위의 계획을 세움으로써 전후관계를 더욱 자세히 설명해준다.

(5) 21세기 시간경영

✲ 속도보다는 올바른 방향이 중요하다.

✲ '일'보다 '사람'을 우선하라.

✲ 하루가 아니라 주간 단위로 계획을 세워라.

✲ 더 중요한 일이 생기면 그것부터 먼저 하라.

✲ 긴급하지 않지만 중요한 일을 우선하라.

3) 시간관리 매트릭스

시간을 제대로 사용하기 위한 대표적인 방법에는 시간관리 매트릭스를 사용하는 것이 있다.
성공한 사람(기업)들은 전체 시간의 80%를 긴급하지는 않지만 중요한 일에 집중한다.

(1) 활동을 결정하는 요소 : 긴급성 / 중요성

✲ 급하지 않지만 중요한 일은 자발성과 주도성을 요구한다.

✲ 사명이 명확하지 않으면 급한 일만 하거나 모든 일을 중요하게 여긴다.

	긴급함	긴급하지 않음
중요함	✲ 급박한 위기 ✲ 당연한 문제 ✲ 마감이 임박한 프로젝트 ✲ 긴급한 모임	✲ 준비, 예방, 계획 ✲ 가지 명료화 ✲ 자기계발 및 학습 ✲ 사람관계 구축 및 휴식 ✲ 임파워먼트(권한 이양 및 동기부여를 통한 잠재능력 고양)
중요하지 않음	✲ 불필요한 방해물 ✲ 불필요한 보고서 ✲ 중요하지 않은 회의 ✲ 중요하지 않는 전화나 우편 ✲ 사소하지만 바쁜 일	✲ 다른 사람의 사소한 일 ✲ 용무가 없는 수다성 전화 ✲ 시간 낭비하는 일들 ✲ 관련 없는 편지나 메일 ✲ 지나친 TV시청이나 지나친 휴식

- 제1구역 : 중요하면서, 긴급한 일들
  예) 내일 치를 시험, 오늘 저녁에 있을 중요한 모임, 예상치 못한 돌발 상황, 위기상황, 마감이 임박한 리포트
- 제2구역 : 중요하지만, 긴급하지 않은 일들
  예) 장기적 자기계발, 학기말까지 제출할 과제, 1년 남은 자격증 시험, 미래를 위한 학습, 삶의 가치관 및 비전 확립
- 제3구역 : 중요하진 않지만, 긴급한 일들
  예) 쓸데없는 간섭들, 중요하지 않은 이메일, 다른 사람의 사소한 일, 저녁에 잡힌 의미 없는 술 약속(경조사, 각종 모임, 동아리 활동)
- 제4구역 : 중요하지 않으며, 긴급하지도 않은 일들
  예) 문자 메시지, 지나친 휴식, 과도한 인터넷 게임, 인터넷 서핑, 다른 사람 뒷담화 등

(2) 시간관리 매트릭스를 활용하여 효과적인 시간관리를 하는 방법들을 기억하자.

✲ 이사분면에서 멀어지게 하는 활동들을 확인하고 제거하라.

✲ 이사분면의 시간 계획을 세우고, 그 시간에 몰입하는 것을 소중하

게 여겨라.

※ 매일 일정한 시간을 이사분면에 할애하라.

※ 통제 가능하면서 시간소비가 많은 부분을 찾아 25% 줄여라.

(3) 시간 우선순위 정하기 (시간관리 매트릭스)

	긴급함	긴급하지 않음
중요함		
중요 하지 않음		

(4) 자기 시간 사용에 있어서 깨달은 점?

4) 시간관리를 어떻게 하고 있는가?

자기는 얼마나 현명하게 시간관리를 하고 있는가? 다음 문항을 읽고 '그렇다'면 4점을, '그런 편이다'면 2점을, '아니다'면 0점을 기록하라.

문 항	점수
1. 날마다 해야 할 일의 목록을 작성하는가?	
2. 가장 높은 보상을 가져 올 일의 순서대로 일과표의 우선순위를 정하는가?	
3. 일과표의 일을 모두 끝내는 편인가?	
4. 공부와 정해진 목표를 해나가기 위해 일과표를 항상 새롭게 작성하는가?	
5. 책상은 깨끗하게 잘 정리되어 있는가?	
6. 물건들을 제자리에 놓아두는가?	
7. 하고 있는 일이 방해를 받을 때 효과적으로 대처하는가?	
8. 책장이나 자료함에서 원하는 것을 쉽게 찾을 수 있는가?	
9. 단호하게 결정하고 행동하는 면인가?	
10. 하루 중에 방해를 받지 않는 나만의 조용한 시간을 활용하고 있는가?	
11. 장황한 얘기를 늘어놓는 친구들에게 효과적으로 대처하는 편인가?	
12. 문제가 발생한 후 해결하기보다는 발생하지 않도록 신경을 쓰고 있는가?	
13. 시간을 최대한 잘 활용하고 있다고 보는가?	
14. 여유를 가지고 마감시간을 지키는가?	
15. 약속과 모임에 시간을 점확히 지키는가?	
16. 하고 있는 일을 곤잘 위임하는가?	
17. 내가 지시한 일들에 대해 후배들이 잘 따라주는가?	
18. 방해를 반고 난 후 조금의 시간 낭비도 없이 하던 일로 다시 돌아갈 수 있는가?	
19. 장기적인 목표를 달성하기 위해 단계적으로 무엇인가를 정해 놓고 매일 하고 있는가?	
20. 자유로운 시간을 일에 대한 걱정 없이 즐길 수 있는가?	
21. 사람들은 나에게 연락이 닮을 수 있는 가장 좋은 시간을 알고 있는가?	
22. 해야 할 일 중에서 가장 중요한 일을 창의력이 가장 왕성한 시간에 하고 있는가?	

문 항	점수
23. 하루 정도 내가 없더라도 다른 사람들이 나를 대신하며 주어진 일을 할 수 있는가?	
24. 프로젝트를 제 때에 시작하고 끝맺는가?	
25. 하루에 계획한 일들을 정해진 시간에 다루고 있는가?	

<채점 방법>

(　　) 속의 점수를 모두 더하여 총점을 산출한다.

<결과 해석>

점수가 높을수록 시간관리를 잘 하고 있는 편이고, 점수가 낮을수록 시간관리를 잘 못하고 있는 편이다.

81~100점인 경우 : 시간관리를 아주 잘 하는 편임

61~80점인 경우 : 시간관리를 비교적 잘 하는 편임

41~60점인 경우 : 귀중한 시간을 놓치고 있는 편임

21~40점인 경우 : 시간을 대충 보내고 있는 편임

0~20점인 경우 : 집중력이 없고 지금 스트레스를 받고 있는 편임

출처 : 창조적인 시간관리 _ 아주대학교 사회봉사 및 학생상담센터(나를 찾아 떠나는 심리여행. 147~152쪽 _ 정종진 (시그마 북스. 2010년))에서 재인용)

효율적 시간관리법

많은 일을 한다는 것과 요령 있게 일을 한다는 것은 다르며, 바쁘게 산다고 해서 반드시 생산성이 높은 것도 아니다. 바쁘지 않게 일하면서도 생산성을 높이는 사람이 있는가 하면, 항상 바쁘게 지내지만 도대체 되는 일이 없는 사람도 있다. 시간을 낭비하지 않고 효율적으로 사용한다는 것은 언제나 일만 해야 한다거나, 휴식하는 데 시간을 쓰지 말라는 말이 결코 아니다. 삶을 풍요롭게 살아가는 사람은 확실히 시간을 쓰는 요령이 다르다.
주어진 상황에서 무엇을 선택하는가는 곧 시간을 어떻게 사용할 것인지를 선택하는 일이다. 무엇을 새로 시작하기에 너무 늦어버린 경우는 없다. 지금부터라도 삶을 낭비한 죄를 다시 범하고 싶지 않다면 새로 시작해야 한다. 그렇다. 지금이라도 늦지 않다. 늦었다고 생각할 때가 가장 빠르다는 말도 있지 않은가!

시간관리를 위한 점검 사항

시간관리를 위해서 다음과 같은 사항을 점검해 볼 필요가 있다.

첫째, 목표를 설정하고 계획이 수립되어 있는가? 목표 설정은 효율적인 시간 사용의 첫단계이다. 현재 생활에서 가치 있고 의미 있는 부분이 무엇인지, 또 추가하여 확장하고 싶은 영역이 무엇인지를 확인하여 목표를 세울 필요가 있다.

둘째, 어떤 유형의 시간관리자인가? 먼저 자기 자신이 아침 활동형인지 아니면 저녁 활동형인지를 점검해 보아야 한다. 아침 활동형은 상쾌한 기분으로 일어나서 하루 출을 한다. 이들은 자발적으로 일어나는 경향이 있다. 정오 이전 시간은 매우 생산적인 시간이지만, 오후에는 덜 생산적이다. 저녁 활동형은 늦게 일어나서 11시쯤에야 완전히 조절이 되어 중요한 업무에

들어간다. 이들은 오전 시간이 거의 의미가 없게 된다. 다음 자기 자신이 업무지향적인지 아니면 사람지향적인지를 점검해 보아야 한다. 업무지향형은 사람과 관계된 일보다는 논리적인 것, 문제해결적인 일들을 잘 처리하는 반면에, 사람지향형은 사람들과 관계되어진 일들을 더 즐겁게 잘 처리한다. 또한 집중형인지 아니면 지속형 인지를 점검해 볼 필요가 있다. 집중형은 짧은 시간 동안 일에 열중할 수가 있어서 매우 생산적이며, 규칙적으로 휴식을 취할 시간이 필요하다. 반면에 지속형은 과제를 완성하는데 시간이 많이 걸리지만 휴식을 그다시 필요로 하지 않는다. 그러므로 지속형은 서두르지 않고 일을 완성할 수 있도록 충분한 시간을 확보해야 한다.

셋째, 행동을 미루지는 않는가? 미루는 행동을 삼가야 한다. 거의 모든 사람은 미루는 행동 때문에 스트레스를 받는다. 사실 미룬다는 것은 중요하지 않고 급한 일이 아닐 경우엔 좋을 수도 있을 것이다. 그렇지만 그 일이 긴급하고 중요한 일이라면 지금 당장 실행하는 것이 최선의 선택이다.

효율적인 시간관리 요령

효율적이고 창조적인 시간을 어떻게 만들 것인가? 그 몇 가지 요령을 제시하면 다음과 같다.

첫째, 가능한 한 즉시 처리하라. 메모, 편지, 보고서 등이 자기의 책상 위에 도착했을 때 나중에 처리하기 위해서 서랍 속이나 책상 위에 두지 않는 것이 좋다. 그때그때 처리하지 않고 미루어 둔 일은 그것을 잊어버리지 않기 위해서 자주 확인하고 기억해야 하기 때문에 불필요한 시간의 낭비를 초래할 수 있다. 자동응답기의 메시지든, 우편물이든, 숙제든, 언젠가 해야 할 일이라면 가능한 한 즉시 처리하는 것이 좋다. 일을 즉시 처리하되,

100% 에너지를 써서 전력 질주하라, 아침 일찍 출근해서 커피 마시고 신문 보고 잡담하고 이것저것 뒤적이면서 몇 시간씩을 보내는 사람들이 있다. 공부를 할 때도 머리 만지고, 안경 닦고, 음료수 마시며 준비하는 데 많은 시간을 쓰는 학생들이 있다. 소위 갓끈 매다 장 파하는 사람들이다. 일을 하기로 했으면 미적거리지 말고 즉시 본론으로 들어가야 한다.

둘째, 마감시간을 설정하라. 누군가로부터 프로젝트의 마감시간을 지시받지 않았다 하더라도 자율적으로 마감시간을 정해두어야 한다. 그리고 주위 사람들로 하여금 정한 마감시간을 알리도록 한다. 그리고 일이 끝나면 반드시 몇 분 동안 정리 정돈하는 습관을 들여야 한다. 하던 일이 끝났을 때 뒷정리를 개운하게 해두면 일의 진척정도를 눈으로 확인할 수 있어서 좋아진다. 온갖 자료를 흔트려 놓은 상태로 퇴근하면 다음날 즉시 일에 착수할 수가 없다.

셋째, 해야 할 일의 우선순위를 정하라. 하루를 살다 보면 여러 가지 일들이 동시다발적으로 몰려온다. 그러나 우리에게 주어진 시간과 에너지는 한정되어 있다. 중요하지 않은 일에 소중한 시간을 낭비하면 정말 중요한 일에 투자할 시간은 당연히 모자란다. 따라서 먼저 해야 할 일을 최우선 과제로 삼고 중요도에 따라 일을 처리해나가야 한다. 우선순가 잘못 선정되면 낭패를 보기 십상이다. 창조적인 자기성장을 도모하기 위해 시간을 투자하기 위해서는 우선순위가 떨어지거나 비중이 낮은 일들을 과감하게 포기하거나 생략하는 지혜가 필요하다. 주어진 모든 일들을 다 해결하려다 보면 정작 중요한 일을 놓치거나 소홀히 하기 쉽다.

넷째, 시간일지를 작성하라. 시간일지에 자기가 행한 하나하나의 일에 대해 그것을 행한 시간과 필요로 한 시간을 기록해둔다. 기록은 아침부터 시작하고 30분 단위로 한다. 하나도 빠뜨리지 않겠다는 강박감을 가지고 할 필요는 없다. 가장 중요한 일, 가장 오랜 시간이 걸린 일을 기록해둔다. 나중에 시간일지를 검토하여 생산적인 활동과 비생산적인 활동에 투자된 시간을 확인하여, 시간을 효율적으로 사용하기 위해 앞으로 어떤 활동을 자제해야 되는지를 찾아보도록 한다.

다섯째, 자투리 시간을 효과적으로 활용하라. 병원에서 진료시간을 기다릴 때나 버스 혹은 전철 안에서 많은 유휴시간을 그냥 흘려보내지 않도록 한다. 자투리 시간에 볼 수 있는 책, 듣고 싶은 테이프, 생각할 수 있는 주제를 가지고 다녀라. 엘리베이터를 이용하지 않고 걸어 올라가는 것도 자투리 시간을 이용해서 운동을 할 수 있는 한 방법이다.

전화에 소요되는 시간낭비를 극복하는 비결

- 하루 중 전화하는 데 소요되는 시간은 어느 정도인가? 전화 통화에 소요되는 시간이 많다면 통화하기 전에 다시 한 번 생각해보라. 이 상황에서 전화를 하는 것만이 시간적으로 가장 효과적인가를 생각해보라.
- 사업상의 전화와 일상적 전화를 구분하라. 많은 사람들은 1, 2분간 전화로 업무를 수행하고 그 후 어떻게 지내는지 안부를 묻게 되면서 통화가 길어지는 경향이 있다. 통화는 용건만 간단히 한다.
- '전화만 하는 시간을 위해 전화할 것을 모아 두어라. 별다른 생각 없이 전화를 받을 때 대부분의 사람들은 그것 때문에 하고 있는 일이 방해를 받는다는 것을 인식 하지 못한다.
- 전화한 상대방이 부재중일 때는 정확한 메시지를 남겨두어라. 그렇게 함으로써 다시 전화를 걸지 않아도 된다. 가능하면 메시지를 받는 사람에게 자기의 이름, 전화번호, 용건, 기대하는 답신의 유형 등을 밝혀 두는 것이 좋다.

대화에 소요되는 시간낭비를 극복하는 비결

※ 대화의 결론으로 들어가라. 대화나 회의에 들어가기 전에 관련이 없는 대화는 나중으로 돌려라.

※ 처음 의사표현을 분명히 하라. 말을 할 때 너무 서둘러서 이야기하게 되면 전달 내용이 불충분해질 뿐만 아니라 상대방이 자기의 말을 정확하게 파악하지 못할 수 있다.

※ 명확히 지시를 하라. 지시사항에 특정 목적과 목표를 포함시킬 필요가 있다. 그리고 지시받은 사람이 마감 시간과 의도를 정확히 이해했는지 확인할 필요가 있다.

※ 대화 내용과 회의 결과를 간략하게 요약하라. 끝맺을 때는 동의한 것, 누가 무엇을 할 것인지, 마감 날짜와 차후의 모임을 정확히 요약하는 것이 혼란을 피할 수 있다.

5) 자기의 시간경영

※ 나의 시간관리에서 잘 되고 있는 점은 어떤 것이 있는가?

①

②

③

④

⑤

✲ 나의 시간관리에 어려운 점으로는 어떤 것이 있는가? (그 원인은?)

①

②

③

④

⑤

✲ 나의 시간관리를 잘 하기 위한 방법으로은 어떤 것이 있는가?

①

②

③

④

⑤

주간계획 세우기

	역할	주간 목표	월	화	수	목	금	토	일
06시									
08시									
10시									
12시									
14시									
16시									
18시									
20시									
22시									
24시									

시간에 대한 감사

- 정연복

어제에 감사합니다
추억이 남아 있기 때문입니다

오늘에 감사합니다
지금 심장이 뛰고 있기 때문입니다

내일에 감사합니다
씨앗 같은 희망이 있기 때문입니다.

단 하루도 빠짐없이
한순간도 건너뜀 없이

영원으로부터 나를 찾아와
늘 함께해주는 시간이 있어

삶이 기쁠 때나 슬플 때나
더없이 고마울 뿐입니다.

'자기 현재 살피기'를 마무리하면서....

	내용
Connect 신뢰 형성	현재의 나를 변화시키는데 있어 도전으로 다가오는 것은 무엇인가?
Aim 목표 공유	'자기 현재 살피기'를 마치면서 무엇을 변화시키고 싶은가?
Now & Here 현재 인식	변화와 관련된 현재 상태는 어떠한가?
Visualize 대안 그리기	변화를 이루는 방법으로 무엇이 있을까?(3가지 이상)
Attempt 실행 의지	여러 가지 대안 중에 무엇을 먼저 시도할 수 있을까?
Support 후원 환경	변화가 잘 되고 지속되려면 또 무엇이 필요한가?

이 일이 제대로 되지 않으면 얼마만큼의 대가를 치러야 하는가?
나는 그 대가를 감당할 수 있는가?
- 올리버 버크먼 (영국 논픽션 작가)

V.

자기를 변화시키기

'세상일은 마음먹기에 달렸다.'라는 말이 있다. 이를 대표하는 말이 '일체유심조(一切唯心造)'며, 마음이 모든 것을 만들어낸다는 뜻이다. 다른 한편으로는 자신의 운명은 자신이 만들어 가고 있다는 의미도 있다.

신라 승려 원효는 중국으로 유학을 떠나기 위해 백제를 거쳐 바닷길로 가려 했다. 그러던 중 날이 저물어 당황성 앞 어느 무덤 앞에서 잠을 자게 된다. 한밤중에 목이 말라 물을 찾다가 바가지에 있는 물을 아주 맛있게 마셨다. 아침에 일어나 보니, 간밤에 마신 물은 해골에 고인 물이었음을 알게 되었다. 원효는 놀랐고, 역겹기도 했기에 구역질도 했다. 그런 중에 큰 깨달음을 얻었다.

"해골에 담긴 물은 어젯밤이나 오늘이나 똑같은데, 어떻게 어제의 달던 물이 오늘은 구역질을 나게 하는가? 어제와 오늘 사이에 달라진 것은 내 마음일 뿐이다. 진리는 결코 밖에 있는 것이 아니라 바로 내 마음 안에 있구나." 원효는 큰 깨달음을 얻어 당나라 유학을 포기하고 신라로 돌아갔다.

사람들은 끊임없이 행복과 불행의 맛을 느끼면서 생활하는데 그 경계선은 확실히 어떻게 마음먹는가에 따라 달라진다. 사람의 마음은 자주 흔들린다. 평온했을 때는 한없이 침착하다가도 조금만 외롭거나 두렵거나 무서워지면 평온한 마음을 잃고 좌절하며 허둥대기 쉽다. 과거의 아주 불행했던 역경과 고뇌를, 오늘에서 돌이켜보면 오히려 간직하고픈 추억이 되고 삶의 밑천이 되듯이 지금의 어려움도 마음만 바로 다지면 행복의 시간으로 다가올 수 있다.

마음은 우리의 몸까지도 다스린다. 마음을 두는 곳에 몸도 앉는다. 어떤 상황이나 조건 때문에 행복과 불행이 나타나는 것이 아니라, 마음먹기에 달렸다. '자살'이란 글자를 반대로 하면 '살자'가 된다. 행복과 불행이 따로 없고 모든 것은 생각에 달려있다. 마음의 중요성은 처음이요 끝이다. 나폴레옹(Napoléon I)은 "내 생애 행복한 날은 6일밖에 없었다."고 했고 헬렌켈러(Helen Keller)는"내 인생에 행복하지 않은 날은 하루도 없었다."고 했다. 마음은 뇌와 관련이 많은 영역으로 긍정적인 생각과 상상에 따라 성공의 길은 내 안에 있다.

마음이 외부로 나타나는 것이 태도며 행동이고, 나아가 습관이 된다. 일과 삶과 함께 살아가는 사람에게서 태도는 중요하다. 마더 테레사(Mother Teresa)도 "생각을 조심하세요, 언젠가 말이 되니까. 말을 조심하세요, 언젠가 행동이 되니까. 행동을 조심하세요, 언젠가 습관이 되니까. 습관을 조심하세요, 언젠가 성격이 되니까. 성격을 조심하세요, 언젠가 운명이 되니까."라는 말을 했다. 우리는 대개 성과의 차이가 능력의 차이로 인해 발생한다고 생각한다. 하지만 사실은 태도의 차이 때문이다. 자신의 실천적 한계를 극복하기 위해 가장 먼저 해야 할 일은 태도의 변화다. 자신의 태도는 남이 자기를 평가하는 기준이면서, 동시에 자기가 성공으로 가는 길에서 중요한 요소라고 할 수 있다. 중요한 것은 말이 아닌 실천이다.

1. 마음의 근력, 그릿(GRIT)

'미래를 구체적으로 어떻게 준비할 것인가?'

지금까지 많은 내용을 학습했고, 또 기록했다. 마무리를 향해 가는 위치에서 가장 중요한 것은 무엇일까? 바로 목표를 향한 행동과 실행이고, 여기에다 지속성을 이어가기 위해 '열정'과 '끈기'가 필요하다. 실행이 뒷받침되지 않으면 요란한 빈수레이고, 장기간 지속적으로 이어가지 않으면 용두사미가 된다. 꿈을 꾸는 사람이 행동하지 않으면 그저 몽상가가 될 뿐이고, 절대 꿈을 이룰 수 없다. 생각만으로는 절대 아무것도 변하지 않는다.

평균보다 떨어지는 IQ와 특별할 게 없는 재능, 불우한 가정환경에도 성공을 일궈낸 사람들이 있다. 이 사람들은 어떻게 그 모든 불리함을 극복하고 최고의 자리에 오를 수 있었을까? 펜실베이니아대학교의 심리학과 교수 앤절라 더크워스(Angela Duckworth)는 '인생의 성공에 있어서는 재능이나 성적보다 훨씬 더 중요한 다른 요인이 작용한다. 지속적인 열정으로 끈기 있게 노력하는 것이다. 그것은 바로 그릿(GRIT)이다.' 라고 말했다. 성공의 비결은 재능이 아니라 장기적인 목표를 향해 지속해 나가는 열정(Passion)과 역경에서도 포기하지 않는 집념이 있는 끈기(인내: Perseverance)의 종합, 즉 그릿에 있다는 것이다.

그릿은 자신이 성취하고자 하는 목표를 끝까지 해내는 힘이자, 어려움, 역경, 슬럼프가 있더라도 그 목표를 향해 오랫동안 꾸준히 정진할 수 있는 능력이다. 대단히 성공한 사람들은 굳건한 결의를 보였고 이는 두 가지 특성으로 나타났다. 첫째, 그들은 대단히 회복력이 강하고 근면했다. 둘째, 자신이 원하는 바가 무엇인지 매우 깊이 이해하고 있었다. 그들은 결단력이 있을 뿐 아니라 나아갈 방향도 알고 있었다. 성공한 사람들이 가진 특별한 점은 열정과 결합된 끈기였다.

김주환(2013)은 그릿(GRIT)을 자신이 설정한 목표를 지속해서 노력할 수 있는 능력, '마음의 근력'이라 표현한다. 목표를 향해 끝까지 밀어붙이려면 그 일을 능히 감당해 낼 힘이 있어야 하기 때문이다. 온갖 어려움과 역경에도 굴하지 않고 흔들리지 않고 나아갈 근력이 있어야 하기 때문일 것이다.

김주환(2013)은 그릿이 자신이 노력하면 더 향상할 수 있다는 'Growth Mindset(능력 성장의 믿음)'과 고난과 어려움을 성장의 근원으로 여기는 'Resilience(회복탄력성)', 일 자체가 즐겁고 흥미 있어 추진하는 'Intrinsic Motivation(내재동기)', 목표를 향한 굳은 의지의 지속적인 도전의 'Tenacity(끈기)' 등의 4가지 요소로 구성된다고 했다. 그리고 4가지 요소의 영어 앞 글자를 조합하여 GRIT을 정의하였다. 그릿의 개념을 단어의 개념을 넘어 네 가지 요소가 서로 유기적으로 연결하여 긴밀한 관계를 형성한 '비인지능력의 조화'의 개념으로 보았다.

그릿을 기르는 방법에는 관심, 연습, 목적, 희망 등의 네 가지가 있고, 모두 심리적 자산이다. 끈기는 꾸준한 연습과 희망이라는 심리적 자산과 관련이 되고, 열정은 흥미와 목적이라는 심리적 자산과 관련이 된다. 관심은 자신이 하는 것을 진정으로 즐기는 것에 푹 빠져 있고 그것에서 의미를 발견하는 것이고, 연습은 어제보다 나은 뭔가를 위해서

온 힘을 다해 매일 집중하면서 단련하는 것이며, 목적은 현재 자신의 일이 중요하다는 확신이 열정을 유지시킬 수 있다는 것이며, 희망은 위기에 대처하게 해 주는 끈기를 말하고, 상황이 어렵거나 의심이 들 때도 계속 앞으로 나아갈 수 있는 힘을 말한다.

이 네 가지 심리적 자산은 상품처럼 소유하고 있는지 혹은 그렇지 않은지와 같은 선택의 결과가 아니다. 관심을 느끼고 발전시키고 심화하는 법을 익힐 수 있다. 훈련을 습관으로 만들 수 있다. 목적과 의미를 찾고 발전시킬 수 있다. 그리고 스스로에게 희망을 가르칠 수 있다.

1) 그릿 점수 알아보기

자기의 그릿은 어느 정도인가?

그릿이 높은 사람들은 자신이 설정한 목표를 성취하고자 지속적으로 흥미를 가지고 꾸준히 노력하는 경향을 보이는 반면, 그것이 낮은 사람들은 흥미를 오래 지속시키지 못하고 자주 목표가 바뀌는 경향을 보인다. 그릿검사는 2016년에 출간한 앤절라 더크워스의 저서 <그릿>에 소개된 것으로, 각 문항을 읽고 자신에게 해당되는 칸에 표시를 한다. 질문은 너무 오래 생각하지 말고 '나 이외의 대부분의 사람'에 비해 어떤지 자문하고 답해보라.

표시한 칸에 해당되는 점수를 합산한 뒤 10으로 나눠서 나온 점수가 총 그릿 점수아. 이 척도의 최고 점수는 5점(그릿이 매우 높음)이며, 최저 점수는 1점(그릿이 전혀 없음)이다.

	전혀 그렇지 않다	그렇지 않다	그런 편이다	그렇다	매우 그렇다
1. 나는 새로운 아이디어와 프로젝트 때문에 기존의 것에 소홀해진 적이 있다.	5	4	3	2	1
2. 나는 실패해도 실망하지 않는다. 나는 쉽게 포기하지 않는다.	1	2	3	4	5
3. 나는 한 가지 목표를 세워놓고 다른 목표를 추구한 적이 종종 있다.	5	4	3	2	1
4. 나는 노력가다.	1	2	3	4	5
5. 나는 몇 개월 이상 걸리는 일에 계속 집중하기 힘들다.	5	4	3	2	1
6. 나는 뭐든 시작한 일은 반드시 끝낸다.	1	2	3	4	5
7. 나의 관심사는 해마다 바뀐다.	5	4	3	2	1
8. 나는 성실하다. 나는 결코 포기하지 않는다.	1	2	3	4	5
9. 나는 어떤 아이디어나 프로젝트에 잠시 사로잡혔다가 얼마 후에 관심을 잃은 적이 있다.	5	4	3	2	1
10. 나는 좌절을 딛고 중요한 도전에 성공한 적이 있다.	1	2	3	4	5
합 계					

그릿을 구성하는 두 요소는 열정과 끈기다. 보다 깊이 알아보고 싶다면 요소별 점수를 계산해 볼 수도 있다.

✲ 홀수 항목의 종합 점수(　　점) ÷ 5 = 　　점(나의 열정 점수)

✲ 짝수 항목의 종합 점수(　　점) ÷ 5 = 　　점(나의 끈기 점수)

자기의 그릿 점수는 얼마인가? 그릿은 연습과 노력에 의해 얼마든지 향상될 수 있다. 그릿을 키우기 위해 이해하고 방법을 차아서보다 끈기 있고 보다 열정 있는 삶을 실천한다면 성공과 행복의 삶으로 진입할 수 있다.

2) 그릿의 5가지 영역

그릿 영역	내용
학업 그릿	숙제, 시험, 레포트, 프로젝트, 평가와 같은 과업을 끝까지 해내고 자기의 학업 또는 업무와 관련한 의무들을 장기적으로 마칠 수 있다.
건강 그릿	운동 계획, 수면 스케줄을 잘 지키거나 악화된 건강을 회복하는 등의 도전에 성공하는 것이다
감정 그릿	감정을 관리하고 공포심을 바로 보고, 분노를 극복하여 감정에 휘둘리지 않고 자신을 통제할 수 있다.
사람관계 그릿	참여하고 싶은 사회적 활동에 불편함을 느낄 때조차 그것을 극복하고 참여할 수 있다. 이는 내향적 성격을 외향적으로 바꾸는 것이라기보다 각 개인에게 중요한 사회관계적 목표를 성취하는 것이다.
사회활동 그릿	스포츠, 예술, 자원봉사 같은 과외활동에서 장애물을 만나더라도 포기하지 않고 훈련하고 인내심을 발휘하여 일어서는 것이다.

자기의 그릿

점수는 5점 기준

그릿 영역	내용
학업 그릿 (점)	
건강 그릿 (점)	
감정 그릿 (점)	
사람관계 그릿 (점)	
사회활동 그릿 (점)	

2. 감정을 알고 조절하기

저 멀리 보이는 바다 수평선에 해가 걸쳐져 있는 사진을 보면서 어떤 이는 일출이라 하고, 어떤 이는 일몰이라 할 것이다. 자신이 바라보고 느끼는 장면대로 그것은 지각이 되고 그것에 색깔을 입혀 감정이 일어난다. 일출로 지각하는 어떤 이는 사진에서 일출의 희망 감정을 입히고, 일몰로 지각하는 이는 하루를 마무리하는 평화로운 감정을 입힐 것이다.

그리스 철학자 에픽테토스(Epictetus)는 "우리는 사물 자체로 인해 마음이 불편한 것이 아니라, 사물을 대하는 자신의 관점 때문에 마음이 불편해진다."라고 말했다. 이는 우리가 어디에 집중하는가에 따라 전혀 다른 관점을 보게 된다는 말이다. 내 삶에서 무엇이 문제이고 내 삶을 엉망으로 흔드는 것들과 오래전부터 이어져 온 감정의 습관 사이에 어떠한 연관성이 있다는 것을 알아차릴 수 있다면 우리는 그 감정을 조절할 수 있다.

BBC뉴스 코리아에서는 'EQ: '감성지능'이 리더들에게 각광 받는 이유' 라는 제목의 글을 실었다. 취업면접에서 보통 이력서에 있는 업무 기술과 개인 성과를 강조해왔으나, 요즘은 개인 도는 팀의 일원으로 성공하기 위해 새로운 기술이 부상하고 있다. 기업 리더들은 EQ라고도 알려진 '감성지능'이 높은 인재를 찾고 있다. EQ는 자신과 다른 사람의 감정을 이해하고 관리해, 긍정적으로 생산적인 관계를 구축하는 능력을 포괄적으로 지칭한다. 매사추세츠 헐트국제경영대학원 교수인 에 이미 브래들리(Amy Bradley)는 "근본적으로 일은 우리가 다른 사람들과 형성하는 관계의 질과 관련 있다"고 말했다. "일은 사람들을 통해 이루어집니다. 만약 누군가가 자신 및 다른 사람들의 감정 때문에 일에 지장을 받는다면, 업무를 생산적이고 지속 가능하게 끝내는 것이 매우 어려워진다."라고 한다.

EQ는 감정을 이해하고 관리하는 것이라면, 감정이란 뭘까? 감정은 사람이 어떤 상황에서의 일시적인 마음의 상태를 의미한다. 예를 들어, 어딘가에 부딪혔을 느끼는 몸의 통증을 비롯해 불안, 분노, 쾌감, 뿌듯함, 죄책감 등 다양하다.

이런 감정이 어떻게 생겨나는가? 리사 펠드먼 배럿(Lisa Feldman Barrett)은 <감정은 어떻게 만들어지는가?>에서 어떠한 현상이나 일, 사물에 대한 해석을 통해 구성한 감각에 부여한 의미를 감정이라 한다. 감정은 외부로부터 들어온 자극에 대한 무의식적인 반응이 아니라 자극에 대한 해석의 결과로 '구성된 것'이라는 것이다. 우리는 어릴 때부터 행복해지기 위해 노력해야 한다고 배웠고, 다른 사람으로부터 인정 받기 위해 노력해야 한다고 배웠고, 다른 사람들에게 해를 끼치지 않도록 훈련 받았다. 이럴 때 어떻게 받아들였는지 돌아보자.

감정은 우리가 만들어낸다. 우리는 감정을 인식 또는 확인하지 않는다. 우리는 생활에서 만들어지는 다양하고 복잡한 상호 작용을 통해 필요할 때마다 즉석에서 우리 자신의 감정 경험하면서, 아울러 다른 사람의 감정에 대한 우리의 반응을 만들고 감정 회로를 구성한다.

하버드 교수들이 제안하는 세 가지 감정 조절 방법

✵ 자기를 완전히 지배하는 법 배우기

자신의 감정을 다스리기 위해서는 새로운 사고방식이 필요하다. 어릴적부터 지금까지 감정을 억눌러오는 감정을 조절해 본 적이 없다면 어려울 수 있다. 하지만 누구나 감정을 다스릴 수 있다는 마인드셋에서부터 시작된다.

✵ 자신에게 맞는 기분전환 방법 찾기

감정조절에 탁월한 사람들은 자신에게 적합한 기분전환 방법을 알고 있다. 예를 들면, 감정이 격해졌을 때 몸 쓰는 운동을 하거나, 친구에게 말하여 마음의 안정을 찾거나 이 상황을 벗어나기 위해 여행을 가기도 한다. 여행을 하면서 마음은 진정되고 자기를 힘들게 했던 고민이 작게 느껴지기도 하기 때문이다.

✵ 스스로 부정적인 감정을 만든 것을 인정하기

보통 좌절, 슬픔, 근심, 분노 등의 감정은 타인이나 다른 일 때문에 생긴 것으로 생각하기 마련이다. 그러나 이러한 감정도 환희, 기쁨, 행복과 같이 스스로 만들어 낸 감정이다. 부정적인 감정도 자신이 만들었기에 그 감정을 바라보면 통찰이 일어나고 감정을 통제하고 조절할 수 있다.

1) 자기 마음 읽기

(1) 마음 지도 그리기

① 그려진 원을 6등분 한다.

② 한 지점을 선택하셔서, '지금 현재'라고 기록한다.

③ '현재 지점'을 시작점으로 해서, 시계 반대 방향으로 '1개월 전, 2개월 전 등' 또는 '그 달의 숫자'를 기록한다.

④ 6개월 전 부터 현재 시점까지 오면서, 신체적인감정적으로 힘들었다는 모든 것들을 기록한다. 정말 많이 힘들었다라고 판단되면, 파고 모양의 그래프를 크게 그리고, 그렇게 크게 힘들지 않았다 혹은 즐거웠다라고 판단되면 평평한 직선으로 옆으로 그리면 된다.

⑤ 1개월 단위로 구분된 영역 안에 그 때의 감정을 기록한다.

(2) 다음의 질문에 답하는데, 하나의 문장으로 표현한다.

잠시 눈을 감고, 자기를 느껴 본다.

✲ 1단계. 지금 나는 어떤 감정일까?

✲ 2단계. 이것이 내게 말해 주는 건 무엇일까?

✲ 3단계. 이 감정을 위해 할 수 있는 가장 좋은 방법은 무엇일까?

✲ 아주 긍정적 감정을 즐겼을 때는 언제인가?

①

②

③

✲ 아주 부정적 감정을 분출했을 때는 언제인가?

①

②

③

감정을 효과적으로 다루는 방법

✲ 자신의 기분을 인정하라.

✲ 자신의 감정을 느껴라.

✲ 죄책감과 수치심을 줄여라.

✲ 늘 이성적일 필요는 없다는 것을 인식하라.

✲ 최악의 상황에 직면하라.

✲ 이미지를 이용하여 감정을 만들어내라. : 편안하고 즐겁고 행복한 감정 (⇒ 감정적 이완)

자기의 감정적 특성

질문	답
내가 자주 느끼는 감정은 무엇인가?	
내가 두려워 하는 감정은 무엇인가?	
내가 표현하기 힘든 감정은 무엇인가?	

2) 스트레스

어느 한 대학의 교수가 첫 강의를 시작하며 교탁 위에 놓인 유리컵에 물을 약간 따르더니 그 컵을 들고 학생들에게 물었다. “이 컵의 무게가 얼마나 될까요?”

잠시 침묵이 이어진 뒤 학생들의 대답이 이어졌다. “150그램! 200그램! 220그램!”

그러자 교수가 다시 물었다. "무게를 직접 재기 전까지는 저도 잘 모르겠네요. 그런데 자기가 몇 분 더 들고 있으면 무게는 어떻게 될까요?"
"아무 변화 없습니다!" 학생들이 대답했다.
"자, 그럼 1시간 동안 들고 있으면 어떻게 될까요? 자기가 이것을 만약 하루 동안 들고 있다면 어떨까요?"
그러자 한 학생이 대답했다. "교수님 팔은 감각이 무뎌지고 심각한 근육경련과 마비가 올 겁니다. 그리고는 병상에 누워 계시겠죠!" 그 학생의 대답에 다들 깔깔 웃어댔다.
"좋아요. 아마 그럴 겁니다. 그런데 이 모든 과정 속에서 컵의 무게가 바뀌었나요? 무엇이 내 팔과 근육을 아프게 했나요? 자기가 이 고통에서 벗어나려면 무엇을 해야 할까요?"
"컵을 내려 놓으셔야죠!"
"정확합니다! 삶에서 어떤 문제에 대해 고민하는 것은 중요합니다. 하지만 때로는 고민하는 것이 정답이 아닐 수도 있습니다."

스트레스(Stress)도 마찬가지다. 작은 걱정이라도 오래 붙잡고 있으면 무거워지고, 결국 자기를 망가뜨릴 수 있다. 가끔은 컵을 내려놓는 법을 배워야 한다. 스트레스란 원래 물리학 용어로서, 어떤 물체가 외부로부터 힘을 받으면 찌그러지는 것을 뜻한다. 의학적으로 말하면, 외부로부터의 자극에 의해 생기는 긴장이라고 할 수 있다.
사람의 몸에 스트레스가 가해지면 몸을 지키기 위한 반응으로서, 부신에서 아드레날린이라는 호르몬이 분비된다. 이 호르몬은 심장의 박

동수를 증가시키고, 혈관을 수축시켜 혈압을 높인다. 그리고 호흡수를 증대시켜 비상사태에 대비하게 한다.

켈리 맥고니걸(Kelly Mcgonigal)은 <스트레스의 힘>에서 내용이다, 2014년 로버트 우드 존슨 재단과 하버드대 보건대학원이 실시한 연구에서 미국민의 85퍼센트는 스트레스가 건강과 가정생활 및 비즈니스에 부정적인 영향을 미친다는 데 동의했다. 미국심리학회에서 실시한 스트레스 관련 조사에서 대부분의 미국인은 자신의 스트레스 수치를 건강에 해로운 수준이라고 인식했다. 스트레스를 비교적 거의 호소하지 않는 사람들조차 이상적인 스트레스 수치란 자신들이 현재 경험하는 수준보다는 무조건 낮아야 한다고 믿고 있었다.

그러나 사람들이 스트레스의 장점을 발견할 줄 안다는 증거도 존재한다. 2013년 스탠퍼드대학교 최고경영자과정에 등록한 분들 등을 대상으로 한 조사에서, 51퍼센트는 스트레스를 받을 때 최고의 업무 성과를 거둔다고 말했다. 2014년 하버드대 보건대학원에서 실시한 조사에서 가장 높은 스트레스 수치를 기록한 사람들 중 67퍼센트도 스트레스를 통해 한 가지 이상의 이익을 얻은 적이 있었다고 응답했다. 하지만 양쪽 조사에 참여한 사람들은 스트레스를 줄이기 위해 좀 더 노력해야 한다고 말하기도 했다. 중요한 것은 스트레스에 대해 부정적인 관심을 가지면 긍정적인 관점을 가졌을 때와 전혀 다른 결과를 만들어낸다는 점이다. 스트레스가 해롭다고 믿는 사람들에 비해 스트레스가 장점을 끌어올린다고 믿는 사람들이 삶에 대해 더 낙관적이고 만족감이 크다는 사실을 보여준다.

핵심은 스트레스 그 자체가 아니라, 이를 어떻게 해석하느냐에 있다. 스트레스를 긍정적으로 해석하면 긍정적 결과가 나온다.

(1) 스트레스 사고방식 측정방법

심리학자 앨리아 크럼(Alia Crum)과 연구원들은 스트레스에 대한 사람들의 관점을 평가하기 위해 스트레스 사고방식 측정법을 개발했다. 다음에 제시된 스트레스에 대한 두가지 사고방식을 살펴보고 어떤 진술에 더 동의하는지 생각해 보자.

사고방식 1: 스트레스는 해롭다.
스트레스 경험은 건강과 활력을 고갈시킨다.
스트레스 경험은 업무 수행 능력과 생산성을 약화시킨다.
스트레스 경험은 학습과 성장을 저해한다.
스트레스의 효과는 부정적이므로 반드시 피해야 한다.

사고방식 2: 스트레스는 장점을 끌어올린다.
스트레스 경험은 업무 수행 능력과 생산성을 향상시킨다.
스트레스 경험은 건강과 활력을 증진시킨다.
스트레스 경험은 학습과 성장을 촉진한다.
스트레스의 효과는 긍정적이므로 반드시 활용해야 한다.

두 가지 사고방식 중에 '스트레스는 해롭다'는 쪽이 사람들의 가장 일반적인 선택이다. 크럼의 연팀이 발견한 바에 따르면, 대부분의 사람들은 두 가지 사고방식 모두 어느 정도는 진실임을 알고 있으면서도 여진이 스트레스를 유용하기보다는 해롭다고 생각했다. 이 문제에 관해서는 남녀 의견이 다르지 않았으며, 나이를 기준으로 차이를 가늠할 수도 없었다.

(2) 한국판 지각된 스트레스 척도 (Perceived Stress Scale; PSS)

이 척도는 일상생활에서 주관적으로 느끼는 스트레스의 정도를 평가하기 위한 척도이다.

각 문항들을 잘 읽고 지난 1개월 동안 각 문항에 해당하는 내용을 얼마나 자주 느꼈는지 체크 표시 한다.

	전혀 그렇지 않다	그렇지 않다	그런 편이다	그렇다	매우 그렇다
1. 지난 한 달 동안, 예상치 못한 일이 생겨서 기분 나빠진 적이 얼마나 있었나요?					
2. 지난 한 달 동안, 중요한 일들을 통제할 수 없다고 느낀 적은 얼마나 있었나요?					
3. 지난 한 달 동안, 초조하거나 스트레스가 쌓인다고 느낀 적은 얼마나 있었나요?					
4. 지난 한 달 동안, 짜증 나고 성가신 일들을 성공적으로 처리한 적이 얼마나 있었나요? (*)					
5. 지난 한 달 동안, 생활 속에서 일어난 중요한 변화들을 효과적으로 대처한 적이 얼마나 있었나요? (*)					
6. 지난 한 달 동안, 개인적인 문제를 처리하는 능력에 대해 자신감을 느낀 적은 얼마나 있었나요? (*)					

	전혀 그렇지 않다	그렇지 않다	그런 편이다	그렇다	매우 그렇다
7. 지난 한 달 동안, 자신의 뜻대로 일이 진행된다고 느낀 적은 얼마나 있었나요?(*)					
8. 지난 한 달 동안, 매사를 잘 컨트롤하고 있다고 느낀 적이 얼마나 있었나요? (*)					
9. 나는 어떤 아이디어나 프로젝트에 잠시 사로 잡혔다가 얼마 후에 관심을 잃은 적이 있다.					
10. 나는 좌절을 딛고 중요한 도전에 성공한 적이 있다.					
합 계					

<채점 방법>

전혀 없다 - 0점, 거의 없었다 - 1점,

가끔 있었다 - 2점, 꽤 자자 있었다 - 3점, 매우 자주 있었다 - 4점

두개의 하위영역별로 해당 문항에 응답한 숫자를 합산한다. 단, 별표 표시된 문항은 역산 처리한다(0→ 4, 1→ 3, 2→ 2, 3→ 1, 4→ 0)

<점수 해설>

점수	설명
0~13점	당신이 느끼고 있는 스트레스 정도는 정상적인 수준으로, 심리적으로 안정되어 있습니다.
14~16점	약간의 스트레스를 받고 계신 것으로 보입니다. 스트레스를 해소하기 위해 운동이나 가벼운 산책, 명상 등 자신만의 스트레스 해소법을 찾아보는 것이 좋겠습니다.
17~18점	중간 정도의 스트레스를 받고 있는 것으로 보입니다. 스트레스를 해소하기 위해 적극적인 노력을 하실 필요가 있으며, 원하신다면 전문가에게 도움을 요청해 보십시오.
19점 이상	심한 스트레스를 받고 있는 것으로 나타나고 있어, 일상생활에서 어려움을 겪고 있을 가능성이 높아 보입니다. 상담센터에 방문하시어 추가적인 검사를 받아보시거나, 전문가와 자신의 상태에 대해 이야기해 볼 것을 권합니다.

출처 : 서울대학교 관악학생생활관 https://snudorm.snu.ac.kr/

(3) 스트레스 대처 테스트

다음의 상황을 읽고 각각의 질문에 답하라. 정답이 있는 질문은 아니니 내키는 대로 솔직하게 답하면 된다.

상황

입사한 이래 너는 누구보다도 열심히 일을 해 왔다. 스스로만이 아니라 주위로부터도 회사에 많은 공헌을 해왔다는 평가를 받고 있었다. 이런 공헌에 힘입어서인지 최근 팀장으로 승진도 했다. 그 결과 연봉도 상당히 높아졌고 전례를 보면 얼마든지 더 높은 자리로 올라갈 가능성도 충분히 있었다. 게다가 회사로부터 '정년까지는 지방으로 전근은 없을 것'이라는 이야기도 들었기 때문에 출퇴근이 편리한 지역에 은행의 융자를 끼고 아파트도 장만했다. 아파트를 장만한 동네는 살기에 편할 뿐 아니라 교육 환경도 나무랄 데가 없어 적어도 은퇴할 때까지는 여기에서 살기로 작정하고 있었다.

그런데 어느 날 회사로부터 돌연 전근의 통보를 받게 되었다. 자동차로 네 시간 정도 걸리는 지역에 있는 지사였다. 하지만 지사의 업무 내용은 네가 아니더라도 누구라도 할 수 있었다. 만일 네가 이러한 상황을 만난다면 어떻게 대응할 것인가?

검사

'네'는 2점, '모르겠음'은 1점, '아니오'는 0점으로 하여 각 항목의 대답을 합계한 것이 자신의 테스트 점수가 된다.

문 항	점수
1. 회사의 지시에 따를 수밖에 없다. 시간이 모든 것을 해결해 줄 것이다.	
2. 이 문제를 심사숙고하고 거듭 검토하여, 나를 가장 고통스럽게 하는 것이 무엇인지 생각해 본다.	
3. 모든 것이 원래대로 돌아가는 기적이 일어나기를 바란다.	
4. 지사로 가서 더 열심히 일을 해 모든 것을 잊는다.	
5. 평소 신뢰하던 사람들과 이 문제를 털어놓고 고민 상담을 한다.	
6. 회사를 그만두고 다른 길을 찾아본다.	
7. 문제는 나에게 있기 때문에 이런 일이 벌어진 것이라고 스스로 이해시킨다.	
8. 상급자와 의논하여 다른 좋은 해결책이 없는지 찾아본다.	
9. 책임자와의 싸움도 불사하고 자신의 의견을 관철한다.	
10, 견디고 나면 앞으로는 더 좋은 일이 있을 것이라고 기대한다.	
11. 주변에 자신의 주장을 분명하게 밝힌다.	
12. 결정을 내린 책임자에 보복하는 광경을 생각해 본다.	
13, 지사에 가서 어떤 일을 할 것인가에만 집중한다.	
14. 회사의 동료와 의논을 한다.	
15. 노동조합과 이 문제를 이야기하고 상담한다.	
16. 화가 나지만 참고 회사의 지시에 따를 수밖에 없다.	
17. 문제를 해결하기 위하여 구체적인 행동 계획을 세운다.	
18. 상황이 바뀔 때까지 무기한 회사에 출근하지 않는다.	

채점 방법

1. 정서초점형 - 1, 4, 7, 10, 13, 16번 항목을 더한 점수다.

2. 문제초점형 - 2, 5, 8, 11, 14, 17번 항목을 더한 점수다.

3. 투쟁/몽상형 - 3, 6, 9, 12, 15, 18번 항목을 더한 점수다.

해설

정도의 차이는 있을망정 누구나 스트레스를 받으면서 살아간다. 우리가 사는 사회 자체가 스트레스를 주고받을 수밖에 없는 구조기 때문이다. 그런데 스트레스는 심해지면 몸에 반응이 나타나고, 더 나아가 질병이 된다. 이러한 질병 가운데 대표적인 것이 자율신경실조증이나 우울증과 같은 병이다.
물론 스트레스를 받는다고 해서 모든 사람이 마음의 병에 길리지는 않는다. 스트레스를 견뎌내는 정도, 즉 스트레스 내성에는 개인차가 있기 때문이다. 이러한 개인차는 개인의 성격이나 스트레스에 어떻게 대처하고 있느냐는 대처법(Coping), 그리고 사람관계에 가장 큰 영향을 받는다. 이 테스트에서는 스트레스 내성에 가장 큰 영향을 주는 요인들 가운데 하나인 스트레스 대처법을 측정하는 것이다.

사람들은 대부분 스트레스를 주는 상황에 대하여 문제초점형, 정서초점형, 투쟁/몽상형의 세 가지 유형 중 한 가지 방식으로 대처한다. 문제초점형이란 스트레스를 주는 상황을 스스로, 혹은 다른 사람들의 도움을 받아 적극적으로 해결하려는 방법이다. 스트레스를 주는 문제들을 심사숙고하여 능동적으로 대처하려는 적극적이고 능동적인 자세나 방법을 문제초점형 대처 방법이라고 부른다. 이에 반해 정서초점형이란, 스트레스 상황이 가져다준 정서적인 고뇌를 줄인다든지 컨트롤하려는 방법이다. 문제를 직접 해결하기보다는 스스로 감정을 조절하여 스트레스에 대처하려는 소극적이고 수동적인 대처 방법이다. 정서초점형 대처에서는 대개 상황을 긍정적으로 보고 시간만 지나면 좋아질 것이라고 스스로 이해시키는 방법들이 사용된다. 이는 대부분 문제를 해결하겠다는 적극적인 시도는 이루어지지 않는다. 투쟁/몽상형 대처 방법은 스트레스 상황을 가져온 사람들에게 직접적인 공격을 가한다든지, 역으로 간접적인 몽상의 세계로 피신해버리는 방법을 말한다. 이는 대부분 자신의 감정에 철저할 수 있다는 장점은 있을지 몰라도 스트레스를 주는 문제들을 더 꼬이게 한다.

이 세 가지 대처 방법 가운데에서 우리가 가장 자주 사용하는 방법은 정서초점형이다. 문제를 직접 해결하기보다는 그 상황을 인내하고, 또 그대로 받아들이고 시간이 지나면 모든 것이 해결될 것으로 생각하는 대처 방법이다. 이 대처 방법은 스스로 마음을 다스리고 또 주어진 상황을 긍정적으로 받아들인다는 점에서는 나무랄 데가 없다. 요즘과 같이 긍정적인 삶의 태도가 강조되는 사회 분위기에서는 바람직하다고 여겨지기까지 하는 대처 방법이다. 하지만 세상을 긍정적으로 본다고 해서 모든 것이 저절로 해결되는 것은 결코 아니다. 특히 스트레스 상황에서 긍정주의는 득보다는 실을 가져올 때가 많다.
대개 긍정주의는 문제를 덮어 둘 뿐이다. 따라서 똑같은 상황이 앞으로 얼마든지 다시 벌어질 수도 있다. 게다가 정서초점형 대처를 하는 사람들은 불안 성향이 높을 뿐 아니라 심하면 우울증에 걸린다는 것을 보여주는 연구들이 많다.

이 테스트에 대한 성인들의 평균점은 다음과 같다.

1. 정서초점형 – 16.33점

2. 문제초점형 - 21.48점

3. 투쟁/몽상형 - 9.82점

조사 결과, 사람들은 스트레스에 맞닥뜨리면 문제초점형 대처를 주로 하고, 정서초점형 대처를 보조적으로 사용한다는 것을 보여준다. 의외로 투쟁/몽상형 대처를 하는 사람들은 적었다.

이러한 대처 방법 가운데에서 문제가 되는 것은 정서초점형 대처이다. 평균점을 기준으로 하여 점수가 높으면 높을수록 스트레스에 직면했을 때 불안이나 우울함에 시달릴 수가 있다. 심하면 우울증으로 발전할 수도 있다. 이 점수가 높은 사람들은 보통 주위로부터는 좋은 사람이라는 소리를 듣는 경우가 많을 것이다.

또한 자신도 좋은 사람 소리를 듣는 것을 좋아하고 만족하고 있을지도 모른다.

정서초점형 대처에서 만점에 가까운 점수를 기록한 사람들은 스트레스를 주는 상황과 마주하게 되면 현실을 직시할 것을 권한다. 참을 때 참고, 받아들일 때 받아들이더라도 지금 스트레스를 주는 것이 과연 무엇인지를 심사숙고해 보고 그것의 원인이 무엇인지를 반드시 따져라. 그러고 나서 정서초점형 대처를 해도 늦지 않다.

투쟁/몽상형 대처도 문제가 있다. 자신의 분노와 좌절감을 발산시키거나 그것으로부터 도피할 수 있다는 장점은 있을지 모르지만, 장기적으로는 상당히 부정적인 효과를 가져 온다. 이 대처법 역시 스트레스가 계속되면 불안감이 높아지고 우울증에 걸릴 가능성이 크다고 알려

졌기 때문이다. 투쟁/몽상형 대처에서 평균보다 훨씬 높은 점수를 기록한 사람은 문제초점형 대처를 우선시킬 것을 권하고 싶다. 투쟁/몽상형 대처는 모든 것을 다 하고 나서 어찔 수 없는 단계에서 사용해도 문제가 없기 때문이다.

스트레스에 가장 효과적인 대처법은 문제초점형이다. 문제초점형 가운데에서도 마음을 터놓을 수 있는 사람들과 상담을 하는 것이 가장 좋은 방법이다.

스트레스란 설사 그 상황이 해결되지 않더라도 누군가에게 그것을 말하는 것만으로도 심리적으로 플러스 효과를 가져 올 때가 많은 까닭이다.

[출처 : 행복을 훈련하라. 234~240쪽 _ 이철우. 2011년]

(4) 스트레스 줄이기

① 지금 가진 것에 감사한다.

감사해야 할 것에 대해 생각하는 시간을 갖게 되면 스트레스 호르몬인 코르티솔이 23%나 감소해 기분이 좋아진다. 연구에 따르면 매일 감사하는 태도를 갖는 사람은 기분이 좋아지고 활력이 넘치며 신체 건강이 좋은 것으로 나타났다.

② 포기할 줄 안다.

열심히 최선을 다하는 자세는 중요하지만 노력에도 불구하고 잘 안 되는 일이나 힘든 상대는 포기하는 것도 지혜다. 반복적인 실패와 좌절은 자존감을 저하시키고 자기 비하만 증가시킨다. 포기도 하나의 선택이고, 용기를 필요로 한다. 포기하는 순간 새로운 결정이 시작될 수 있다.

③ 자신의 욕구를 재조정한다.
스트레스에 잘 대처하기 위해서는 문제에 따라 자신이나 타인과 잘 타협해야 한다. '내가 너무 무리한 목표를 세운 것은 아닌가?', '한꺼번에 너무 많은 것을 성취하려고 한 것은 아닌가?', '내 자신의 한계점을 너무 간과한 것은 아닌가?' 등의 질문들을 통해 자신의 욕구를 한번 더 점검하고 우선순위를 정해 본다. 우선순위 결정 시에는 현실적으로 성공 가능한 것부터 선택한다.

④ 몸과 마음에 안정감을 심어준다.
잠을 푹 자고, 운동을 통해 신체 활동을 활성화 하고, 마음을 챙기는 명상을 한다.

3. 행복지수 높이기

대한민국은 식민지와 전쟁을 거치면서, 세계 중심권에 들어가는데 사력을 다했다. 지구상 빈국의 가난을 벗어나 10대 경제 대국의 위치에 올랐다. 그럼에도 세상에 공짜는 없다.

'직장·돈 스트레스에 행복지수 꼴찌…'행복 찾기'에 빠진 대한민국' 제목의 글이 세계일보에 실렸다. 대한민국 많은 사람들이 경제력, 직장 생활이나 사람관계 등에서 스트레스와 불안, 어려움 등을 호소하고 있다. 대한민국 행복지수는 올해도 꼴찌를 기록했다.

이에 많은 사람들이 행복 찾기에 나서고 있다. 서점의 각종 베스트셀러 중 상당수는 행복을 좇는 서적이고 '소확행(작지만 확실한 행복)', '휘게(편안하고 기분좋은 상태)', '욜로(삶은 한 번뿐이다)' 등 행복을 찾는 단어들이 유행어가 되고 있다. 전문가들은 남들과 비교를 하기보다 자신만의 행복을 찾아야한다고 조언한다. 글로벌 헬스케어기업 '시그나그룹'은 지난 11일 우리나라의 행복지수가 23개국 중 가장 낮다는 결과를 발표했다. 우리나라의 행복지수는 51.7점으로 1위를 차지한 인도(70.4점)보다 무려 20점 가까이 낮은 수치를 기록했다. 2014년부터 매년 측정한 시그나 그룹의 행복지수에서 2015년을 제외하고는 우리나라가 모두 꼴찌를 차지하고 있다. 행복하지 않은 나라라는 불명예를 떠안고 있는 것이다.

디지털시대로의 전환으로 산업첨단화, 정보화, 가상공간에서의 관계 활성화 등이 진행되고 있고, 이에 따라 사회 양극화, 노동시장 불안정, 인터넷 중독, 사람관계 단절, 등 심신건강을 위협하는 요소들이 많이 나타나고 있다. 이런 현실에서 사람들은 행복을 찾아 나서고 있다.

사람이 살아가면서 자신의 생활에서 즐거움과 보람을 느낀다는 것은 매우 중요한 일이다. 이러한 즐거움과 보람을 행복이라고 표현해도 좋을 것이다. 우리가 살아가면서 이러한 즐거움과 보람, 즉 행복감을 느낄 수 있다면 그 생활은 훨씬 생산적이고 의미 있는 것이 될 것이다.

삶에 있어서 행복은 매우 중요한 것이라고 할 수 있다. 학문적으로도 행복은 사람의 삶에 있어서 궁극적인 목표가 되는 것으로 주장되어 왔다. 어떤 주거 환경에서든, 어떤 사회적 지위에서든 사람들 모두가 하나같이 행복을 추구하면서 살아간다. 사람은 행복을 추구하는 존재이다.

행복을 성취한다는 것은 쉽지가 않으며, 그렇기 때문에 행복 추구를 위한 노력은 평생에 걸쳐 이루어질 수밖에 없다. 행복은 단순히 사람의 본능적 추구를 넘어 헌법에서 '행복 추구권'이라는 이름으로 법적으로 보장이 되고 있다. 법으로까지 보장될 만큼 행복이란 우리 삶을 구성하는 중요한 요건인데도 불구하고, 행복이 정확하게 무엇인지, 어떨 때 행복을 느끼는지, 행복을 어떻게 이용해야 할지에 대해서는 계속 탐구하고 있다.

1) 행복이란 무엇일까?

우리는 일상생활에서는 기쁨이나 즐거움, 만족감 등을 느낄 때 그것을 '행복'이라고 표현한다. 더 자세한 표현으로는 '행복감'이다. 좋은 직장에 다니는 것, 돈을 많이 버는 것, 좋은 가정에서 사랑을 이루는 것, 등에서 행복하다고들 말한다. 그러나 이러한 것은 재산, 명예, 직업, 건강, 사랑 등 무언가를 얻고자 하는 이유로, 이것만 있으면 행복해질 수 있다고 믿고 있기 때문이다. 재산 등이 어느 정도 우리의 행복감에 영향을 준다. 먹고 사는 것이 어렵고 불편하면 그만큼 스트레스가 많고 걱정이 많다.

미국의 심리학자 브릭먼(Brickman)등이 거액의 복권 당첨자 60명을 조사한 연구 결과에서, 복권 당첨자와 일반 사람를 비교해 조사해 보았더니 그들은 그렇게 행복하지 않았다. 복권 당첨자의 생활이 윤택해진 것은 사실이지만, 복권 당첨으로 치러야 할 대가도 만만치 않았다. 2022년 9월, 인도에서 복권 1등에 당첨된 남성이 "로또 1등이 후회된다. 매일 사람들이 몰려와 나눠달라고 아우성이고, 이로인해 집에 갇혀 있다. 아이가 아파도 병원에 못간다. 차라리 3등이 나았을 것 같다"는 하소연을 했다.

행복이란 과연 무엇일까? 사전에서는 이를 욕구와 욕망이 충족되어서 만족하거나 즐거움을 느끼는 상태라 한다. 최인철 교수는 <굿 라이프>에서 행복은 생활에서 충분한 만족과 기쁨을 느끼는 상태라고 하였다. 행복이란 바깥이 아닌 내부에서 일어나는 주관적이고 심리적인 경험으로서 만족감, 안녕감, 성취감 등과 같은 말로 묘사될 수 있는 긍정적인 정서 혹은 느낌이다. 많은 심리학적 연구나 사전적 의미로 보았을 때 행복이라는 개념은 추상적이며 주관적 안녕감이라는 용어가 잘 어울린다. 주관적 안녕감은 개개인이 자신의 삶에 대한 평가를 말하는것으로 삶에 대한 만족감 긍정적 정서가 있는 것이다. 만약 이러한 긍정적인 정서가 없다면 삶은 어떻게 될까? 삶에서 행복이란 정서가 없다면 고통, 우울, 화, 두려움과 같은 부정적인 감정으로 가득 찬 지옥 같은 삶으로 끝이 날 것이다.

많은 사람들이 행복하길 원하지만, 실제 행복하다고 만족하고 기쁨을 느끼는 사람들을 만나기 어렵다. 현대는 생활에서의 양과 질이 향상되어 사람의 수명은 점점 길어지고 있다. 이에 최근 학자들은 단순히 행복감을 느끼는 조건을 찾기보다는 행복감을 증진 시키기 위한 다른 방법으로 행복감을 증진시킬 수 있기 위해 의도적인 활동에 관심을 가지게 되었다. 긍정심리학자 마틴 셀리그만(Martin Seligman)은 행복이 꾸준히 연습한 결과로 얻어지는 바이올린이나 자전거 타기의 기술 같은 것이지, 좋은 유전이나 행운을 타고난 결과가 아니라고 했다. 행복해지는 길은 긍정적 정서를 갖는 것이다. 즉 우리가 과거에 대해서, 미래에 대해서, 그리고 현재적으로 긍정정서를 가질 때에 행복해진다는 것이다라 했다.

진정한 행복이란, 자신의 삶 전체에 대하여 비교적 장기간에 걸쳐서 느끼는 만족감과 기쁨이라고 할 수 있다. 그렇다면, 우리는 행복한 삶을 위해 어떤 노력을 해야 할까?

Q. 사람들은 행복을 위해 가장 중요한 것으로 '돈'을 말한다. '돈'이 얼마나 있으면 행복할까?

✲ 많은 사람들이 행복하기 위해 돈을 번다고 말한다. 왜 그럴까?

✲ 만약 내가 부자가 될 수 없다면 나는 불행한 사람인가? (이유는?)

2) 자기는 얼마나 행복한 사람일까?

행복지수(전반적인 삶의 만족도) 테스트

	매우 그렇지 않다						매우 그렇다
내 삶은 대체로 내가 이상적으로 생각하는 삶에 가깝다	1	2	3	4	5	6	7
나는 내 삶에 만족한다	1	2	3	4	5	6	7
내 삶의 조건은 훌륭하다	1	2	3	4	5	6	7
이제껏 삶에서 원하는 중요한 것들을 얻었다	1	2	3	4	5	6	7
다시 태어나도 바꾸고 싶은 것이 거의없다	1	2	3	4	5	6	7
합 계							

※ 행복지수(전반적인 삶의 만족도) 테스트 결과

점수	나의 상태	의미
32 ~ 35	매우 행복	나의 행복에 대한 의미를 찾아보면 좋은 상태
28 ~ 31	상당히 행복	높은 행복 수준을 유지하기 위한 방법을 찾아보면 좋은 상태
23 ~ 27	행복	더 행복해지는 데 도움을 주는 방법을 찾아보면 좋은 상태
18 ~ 22	별로 행복하지 않음	더 행복해질 여지가 있고, 행복해지는 방법을 연습해야 하는 상태
13 ~ 17	불행	행복이란 무엇이고, 개선시키기 위한 방법을 실천해야 하는 상태
12 이하	잠재적 우울증	전문가의 도움이 필요한 상태 (예: 심리치료)

영원한 것은 황금뿐이라는 생각으로 황금을 추구하다 신께 간구하여 모든 것을 황금으로 만드는 손을 가진 미다스 왕은 행복했을까? 그리스 신화 속 미다스 왕의 이야기는 자신의 딸마저도 자신의 손이 닿아

황금으로 변하게 만드는 불행으로 끝이 난다.

우리는 행복해지고 싶어한다. 그래서 어떻게 되면 행복할지 고민한다. 하지만 어떻게 행복한 삶을 만들어 가느냐의 How를 고민하기 전에 행복이란 무엇일까라는 What에 대한 정의가 먼저 필요하다.

3) What 행복 _ 무엇이 자기를 행복하게 하는가?

자기를 행복하게 하는 요소(현재, '앞으로 이러면 행복하겠다.' 싶은 것)를 각 칸에 넣어보고 왜 그런지 화살표에 이유를 적어보자.

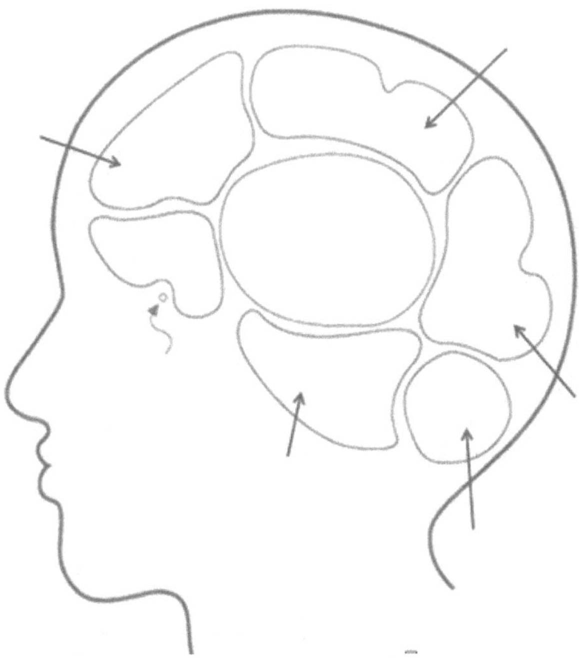

4) How 행복 _ 나는 어떻게 행복한 사람이 될 수 있을까?

평소 자신을 떠올리며 다음 각 문항 중 자신에게 해당하는 항목에 O, 해당하지 않는 항목에 V 표시해 보자.

1. 미래에 대해서 낙관적이다. ( )
2. 인생의 많은 부분에 대해서 만족한다. ( )
3. 인생을 잘 통제하고 있다고 느낀다. ( )
4. 인생에서 상당한 보람을 느낀다. ( )
5. 자신을 좋아한다. ( )
6. 산다는 것은 좋은 것이라고 생각한다. ( )
7. 다른 사람들에게 흥미를 느낀다. ( )
8. 주어진 일을 잘 해내는 편이다. ( )
9. 아침에 일어날 때마다 개운한 편이다. ( )
10. 많은 것들에서 아름다움을 느낀다. ( )
11. 건강하다고 느낀다. ( )
12. 다른 사람들에게 따뜻한 감정을 지니고 있다. ( )
13. 과거에 대한 행복한 기억들을 많이 지니고 있다. ( )
14. 종종 쾌활하고 즐거운 기분을 느낀다. ( )
15. 시간을 잘 관리하고 있다. ( )
16. 다른 사람들과 함께 재미있는 일들을 자주 경험한다. ( )
17. 다른 사람들을 유쾌하게 해 주는 편이다. ( )
18. 삶의 의미와 목적에 대해서 자주 생각한다. ( )

19. 세상은 참 좋은 곳이라고 생각한다. (   )

20. 잘 웃는다. (   )

나에게는 O는 (   )개, ×는 (   )개가 해당한다.

20개의 문항 중 자기가 좀 더 행복한 사람이 되기 위해서는 할 수 있는 노력을 3가지만 선택한다면 무엇인가?

✲ 그 이유는 무엇인가?

행복한 삶을 위한 노력들

① 신체적으로 건강하고, 최소한의 의식주를 해결할 수 있어야 한다.

② 자신이 진심으로 원하는 것을 삶의 목표로 정하고 이를 실현하기 위해 노력해야 한다.

③ 도덕적이고 긍정적인 태도로 생활해야 한다.

④ 친밀하고 원만한 사람관계를 형성해야 한다.

⑤ 행복은 우연히 오는 것이 아니고 노력하는 사람에게 주어지는 것이다.

행복해 지는 방법, 행복습관 10가지

① 하루 다섯 번 감사하기

② 매일, 나와 이웃 한 번 이상 칭찬하기

③ 주 3일 30분 이상 운동하기

④ 주 1시간 이상 가족 · 이웃과 대화하기

⑤ 영성적 활동으로 마음 풍요롭게 하기

⑥ 한 달에 한 번 이상 봉사활동하기

⑦ 자연과 공존하며 식물 키우기

⑧ 독서와 문화예술 활동 생활화하기

⑨ 비교하지 않고 자신에게 충실한 삶 살기

⑩ 실현 가능한 목표 세우고 성취감 느끼기

4. 감사하기로 자기효능감 높이기

모 예능프로그램에 김신영씨가 출연했다. 진행자는 "제가 지켜본 신영씨는 의지의 김신영이다. 연기, 예능, 라디오 DJ, 가수, 다이어트 등 실행력이 대단하다"라고 말했다. 김신영은 "하고 싶은 건 조금씩 해나가야 내 뒤의 후배들도 같이 따라올 수 있다. 안주하면 안 된다고 생각한다"라고 전했다.

이어서 "어린 시절 이사만 60번 다녔다고?"라며 진행자가 놀라워하자, 김신영이 "동사무소에서 거의 책 한 권이 나오더라. 초등학교 2학년 1학기만 8번 전학을 갔다"라며 어려웠던 가정 형편에 대해 밝혔다. 비닐하우스에서 살기도 하고, 여러 지역을 전전하기도 했다는 것이다.

김신영은 "옛날에는 아빠가 너무 원망스러웠다. 지금은 굉장히 감사하다. 환경 탓 안 한다. '환경 덕분에'라고 생각한다. 이 모든 것들이 내 코미디의 자양분이 됐다"라며 성숙한 모습을 드러냈다. 진행자는 "세상과 맞짱 뜨면서 여기까지 오신 분"이라며 감탄했다.

무릇 우리가 살아가는 세상은 평탄하거나 꽃길만 있는 것은 아니다. 때로는 실패와 좌절을 겪으면서 시련이나 고난에 처하는 등 고통스러운 삶의 구간도 지나간다. 그럼에도 사람들은 행복을 추구한다.
미국 심리학자 소냐 류보머스키(Sonja Lyubomirsky)는 행복은 높일 수 있는 것이라 했고, 그러기 위해서는 연습이 필요하다고 강조했다. 행복을 결정하는 요소는 유전 50%, 환경 10%, 의도적 활동 40%로 구성된다고 한다. 의도적 활동을 연습함으로써 행복을 극대화 할 수 있음을 말하며, 그 중 감사를 표현하는 것이 의도적 활동 중 하나로 제안되었다. 행복감을 높이는 데는 감사 표현을 의도적으로 하는 것도 포함이 되어 있다는 것은 감사 표현 활동을 경험한 사람이 더 감사를 잘하게 되고 이로 인해 행복감에도 영향을 미친다는 연구도 많이 되고 있다. 학자들은 감사의 정서는 행복감을 증진시키는 중요한 요인 중 하나로 작용한다고 생각하였다.
감사는 오랫동안 사람에게 중요한 덕목으로 대부분의 사람들에게 익숙하며, 어디에나 존재한다. 우리는 선물이나 도움, 친절, 후원 등을 받았을 때 감사함을 느낀다. 감사하는 마음을 갖는 것, 그리고 감사 표현을 한다는 것은 심리학적으로 어떤 의미를 가지고 있을까? '감사하는 마음'의 이점으로, 홍종관의 '행복을 위한 감사의 역할에 관한 고찰'에서 다섯 가지로 정리하고 있다. 첫째, 감사는 사람들이 긍정적인 경험을 즐길 수 있도록 해 주므로 삶의 만족도 및 안녕감(安寧感)의 수준을 높인다. 둘째, 감사는 부정정서를 낮추고 우울증상을 줄여준다. 셋째, 감사는 친사회적 행동을 증가시켜 사회적 관계를 강화할 수 있도록 해준다. 넷째, 감사는 신체적 건강에 긍정적 영향을 줘 스트레스 상황에서 대처할 수 있도록 해준다. 다섯째, 감사 수준이 높은 사람은 사고양식이 유연하다.

현재까지 감사에 대한 심리학 연구들을 보면, '감사하기'는 긍정 정서, 주관적 안녕감, 낙관성, 희망, 활력, 친사회적 행동, 영성, 적응력, 자기효능감, 자아존중감, 사회적 지지, 행복, 대인관계에서의 만족 등 많은 자원을 만들어낼 수 있다고 한다. 그 중에서 진로, 성장, 취업 등과 관련해서 자기효능감이 주요 요소가 된다.

자기 효능감은 어떤 성과를 얻는데 필요한 행동을 효과적으로 구성하고 실행해 낼 수 있는 자신의 힘에 대한 믿음과 실질적인 자신감을 의미하는 것으로, 개인이 가지고 있는 능력을 어느 정도 행할 수 있는가 하는 판단을 의미한다고 심리학자 앨버트 밴듀라(Albert Bandura)가 제시한 개념이다. 자기효능감은 긍정적이고 낙관적인 감정을 체험토록 해서 힘든 상보다 위의 과제에 도전하려는 성취 열망을 갖도록 한다. 자기효능감이 강할수록 자신을 위해 설정하는 목표가 높고, 그 목표에 대한 헌신도 더욱 확고해진다. 그리고 자기효능감이 강할수록 노력하고자 하는 태도를 지니게 되고, 따라서 어떤 일을 이루고자 하는 동기도 더욱 강해진다. 자기효능감은 어떤 행동을 선택하고 지속하는데 중요한 영향을 미치는 심리적 요인 중의 하나로 그 역할이 점점 더 강조되고 있다.

랜디 포시(Randy Pausch)는 <마지막 강의>에서 역경도 존재하는 이유가 있다라 했다. 역경은 우리를 몰아내기 위해 존재하는 것이 아니다. 우리가 무언가를 간절히 원하는지 깨달을 수 있는 기회를 주기 위해 있는 것이다. 역경을 헤쳐 나가기 위해서 마음의 근력을 단단하게 키워야 한다. 마음 근력 키우기의 기초로 감사하기와 이를 통한 자기효능감 높이기를 챙겨보자.

1) 자기효능감 측정

각 문항은 일반적으로 갖고 있는 신념을 나타낸다. 각 문항을 읽고 자기에 대해 어느 정도로 설명하고 있는지 결정해 보라. 옳고 그른 답은 없다. 아마도 어떤 문항들에 대해서는 동의하지만, 다른 문항들에 대해서는 동의하지 않을 것이다. 각 문장의 왼쪽에 자기의 모습이나 태도 혹은 감정을 가장 잘 설명하고 있는 숫자를 기입한다.

'매우 그렇지 않다' - 1점, '대체로 그렇지 않다' - 2점,
'그저 그렇다' - 3점, '대부분 그렇다' - 4점, '매우 그렇다' - 5점

____ 1. 나는 계획을 세울 때 그러한 계획을 완수할 수 있다고 믿는다.
____ 2. 나의 한 가지 문제는 해야 할 때 바로 일을 착수할 수 없는 것이다.
____ 3. 나는 첫 번에 일을 잘못하더라도 잘 할 수 있을 때까지 계속 시도한다.
____ 4. 나는 새로운 친구를 사귀는 것이 어렵다.
____ 5. 나는 나를 위한 중요한 목표를 설정하고서는 거의 완수하지 못한다.

_____ 6. 나는 어떤 일을 완수하기도 전에 포기한다.

_____ 7. 나는 내가 만나고자 하는 누군가를 보면 그 사람이 내게 오기를 기다리는 것보다 내가 그에게 간다.

_____ 8. 나는 어려운 일에 직면하기를 피한다.

_____ 9. 나는 어떤 일이 너무 복잡하게 보이면 그 일을 시도조차 하지 않는다.

_____ 10. 나는 누군가가 관심이 가지만 친구로 만들기에는 매우 까다롭다면 곧바 그 사람을 친구로 사귀려는 것을 포기할 것이다.

_____ 11. 나는 할 일이 유쾌하지 않을 때조차 그 일을 마칠 때까지 포기하지 않는다.

_____ 12, 나는 어떤 일을 하기로 마음 먹으면 곧바로 실행한다.

_____ 13. 나는 새로운 어떤 일을 배우려고 시도해서 처음에 성공적이지 못하면 곧바로 포기한다.

_____ 14. 나는 처음에 호감이 가지 않는 누군가를 친구로 사귀려고 할 때조차 쉽게 포기하지 않는다.

_____ 15. 나는 예기치 않는 문제가 발생했을 때 그 일을 잘 처리하지 못 한다.

_____ 16. 나는 새로운 어떤 일이 감당하기에 어렵게 보이면 그 일을 배우려고 하지 않는다.

_____ 17. 실패는 나로 하여금 더욱 열심히 노력하도록 채찍질할 뿐이다.

_____ 18. 나는 사교적 모임에서 적절하게 대처하지 못한다.

_____ 19. 나는 어떤 일을 수행할 나의 능력에 불안감을 느낀다.

_____ 20. 나는 나 자신을 신뢰한다.

_____ 21. 나는 나의 사교능력을 통해 친구들을 사귀었다.

____ 22. 나는 쉽게 포기한다.

____ 23. 나는 살아가면서 부딪칠 대부분의 문제들을 처리하지 못할 것 같다.

채점 방법

두개의 하위영역별로 해당 문항에 응답한 숫자를 합산한다. 단, 별표 표시된 문항은 역산 처리한다(1→ 5, 2→ 4, 3→ 3, 4→ 2, 5→ 1)

<table>
<tr><td rowspan="7">일반적
자기효능감
(17개 문항)</td><td>1</td><td>2(*)</td><td>3</td><td>5(*)</td><td>6(*)</td><td>8(*)</td></tr>
<tr><td></td><td></td><td></td><td></td><td></td><td></td></tr>
<tr><td>9</td><td>11</td><td>12</td><td>13(*)</td><td>15(*)</td><td>16(*)</td></tr>
<tr><td></td><td></td><td></td><td></td><td></td><td></td></tr>
<tr><td>17</td><td>19(*)</td><td>20</td><td>22(*)</td><td>23(*)</td><td></td></tr>
<tr><td></td><td></td><td></td><td></td><td></td><td></td></tr>
<tr><td colspan="6"></td></tr>
<tr><td rowspan="3">사회적
자기효능감
(6개 문항)</td><td>4(*)</td><td>7</td><td>10(*)</td><td>14</td><td>18(*)</td><td>21</td></tr>
<tr><td></td><td></td><td></td><td></td><td></td><td></td></tr>
<tr><td colspan="6"></td></tr>
</table>

결과 해석

각 영역에서 점수가 높을수록 자기효능감 기대가 높고, 낮을수록 자기효능감 기대가 낮은 것이다.

[출처 : Sherer, M, et al. (1982). The self-efficacy scale : Construction and validation, Psychological Reports, 51, 663~671 ('나를 찾아 떠나는 심리여행'. 133~138쪽 _ 정종진 (시그마 북스. 2010년)에서 재인용)]

자기효능감의 원천

자기효능감은 한 개인의 능력의 지표라고 여겨지는 과거의 성취 경험, 타인과의 비교를 통한 자신이 지닌 신념을 변화시키는 대리 경험, 신체적 맛및 정서적 상태, 그리고 사회적 영향력(예 : 언이직 설득)으로부터 비롯된다.

- 성취 경험 : 목표를 달성하기 위한 시도에서 비롯된 성공/실패에 대한 과거경험은 자기효능감의 가장 강력한 근원이 된다.
- 대리 경험 : 타인의 성공/실패를 목격하는 것은 유사한 상횡에서 개인의 유능감을 평가하기 위한 비교 근거를 제공한다. 다시 말하면, 개인의 관찰 경험이 자기요능감의 중요한 근원이 된다.
- 정서적 각성 : 개인의 자기효능감은 어떤 주어진 수행상황에서 개인이 느끼는 정서적 가성의 정도와 질에 의해 영향을 받는다. 개인이 느끼는 불안의 정도는 어려움, 스트레스, 그리고 어떤 과제가 나타내는 지속성의 지각된 정도에 대한 중요한 정보를 제공한다. 매우 높은 불안 수준은 개인이 매우 잘 한다고 느끼지 못하는 것을 그에게 알려 준다.
- 언어적 설득 : 타인으로부터 어떤 과제를 숙달할 수 있는지 혹은 숙달할 수 없는지에 관해 듣는 것은 또한 자기효능감을 증가 혹은 감소시킬 수 있다. 비록 그러한 언어적 설득의 효과가 약하지만 자기효능감의 결정요인으로서 작용한다.

자기효능감은 개인 자기효능감뿐만 아니라 집단 자기효능감도 있다. 집단 자기효능감은 집단의 목표를 달성하기 위한 행동을 조직하고 수행할 수 있는 능력에 대한 집단의 공유된 믿음을 가리킨다. 집단 자기효능감의 원천과 기능은 개인 자기효능감의 원천 및 기능과 서로 유사하다.

2) 자기효능감을 높이는 감사하기

감사하기 측정

아래의 각 문항에 대해서 귀하가 동의 또는 반대 정도를 '1~7'사이의 숫자로 표시해 주기 바랍니다.

1 - 전혀 아니다. 2 - 아니다. 3 - 약간 아니다. 4 - 중간이다.

5 - 약간 그렇다. 6 - 그렇다. 7 - 매우 그렇다.

문항	점수
1. 나의 삶에는 감사해야 할 것들이 매우 많다.	
2. 만약에 내가 감사함을 느꼈던 것들을 모두 열거해야 한다면, 그 목록은 매우 길 것이다.	
3. 주위를 아무리 둘러보아도, 내가 감사해야 할 만한 것들이 별로 없다.	
4. 나는 매우 다양한 사람들에게 감사함을 느낀다.	
5. 나이가 들어갈수록 나는 내 인생에서 경험했던 사람들, 사건들, 상황들의 소중함을 더 잘 느끼게 된다.	
6. 오랜 시간이 흐른 후에야 나는 어떤 일이나 사람에 대해서 감사함을 느끼게 된다.	
합계	

(3번과 6번은 역채점문항임)

[출처 : McCullough, Emmons와 Tsang(2002)의 감사측정 - 행복을 위한 감사의 역할에 관한 고찰 _ 홍종관. 2014년]

자기에게 감사하기

번호	감사할 것	언제	이유
1			
2			
3			
4			
5			

주변 사람들에게 감사하기

번호	감사할 사람	감사한 일
1		
2		
3		
4		
5		

이번 교육에서 감사한 것

번호	감사할 것	이유
1		
2		
3		
4		
5		

5. 그릿(GRIT) 기르기

'지금의 자기'가 '미래의 자기'에게 쓰는 편지

To.　　년　월의　　에게

From.　　년　월의　　로부터

지금 자기에게 중요한 단어

※ 5개의 칸에 채워진 내용을 보고, 이를 선택한 이유가 무엇인지 기록한다.

※ 기록된 전체를 보면서 '나는 올해 (　　) 한다.'라는 형식으로 글을 만든다.

목표를 달성하는 기술, 만다라트

만다라트(mandalart)는 '목표를 달성하다(manda+la)'와 '기술(art)'을 결합한 단어로, 목표를 달성하는 기술이라는 뜻이다. 목표를 설정하고 달성하기 위해 그 방법을 정리하는 유용한 방법이다. 일본의 야구선수 오타니 쇼헤이가 성공 비결로 언급하면서, 더욱 화제가 된 기법이다.

만다라트 기법은 가장 큰 목표를 세우고 이 목표에 대한 아이디어나 생각들을 사방팔방 거미줄 모양으로 퍼져나가도록 끌어내 적는 것을 기본으로 한다. 보통 우리가 아는 마인드맵과 비슷하다.

하지만, 마인드맵은 생각을 정리하고 연관관계, 시간 관리 등에 장점이 있는 반면, 만다라트 기법은 목표를 중심으로 해야 할 일, 주의할 점 등을 표로 구조화하기 때문에 목표의식을 세우기에 좋다.

						실천계획	실천계획	실천계획
	세부목표					실천계획	세부목표	실천계획
						실천계획	실천계획	실천계획
			세부목표	세부목표	세부목표			
			세부목표	핵심목표	세부목표			
			세부목표	세부목표	세부목표			
	세부목표						세부목표	

① 자기 계획 (1/2) _ 핵심목표와 세부목표

[세부목표1]	[세부목표2]	[세부목표3]
[세부목표8]	**[핵심목표]**	[세부목표4]
[세부목표7]	[세부목표6]	[세부목표5]

② 자기 계획 (2/2)

※ 앞서 기록한 '핵심 목표'와 '세부 목표1~8'의 칸에 기록된 것을 '1~8'의 숫자가 기록된 칸에 맞춰 옮겨 적는다.

※ 각 목표를 달성하기 위한 실천계획들을 목표 칸을 중심으로 둘러싼 8개의 칸에 적는다.

	1.			2.			3.	
			1.	2.	3.			
	8.		8.		4.		4.	
			7.	6.	5.			
	7.			6.			5.	

목표에 대한 에너지 실어주기

큰 목표	작은 목표	기대에 찬 응원 메시지	목표를 이룬 후 나에게 해 주고 싶은 축하 메시지

출처 : 행복교과서 _ 서울대학교 행복연구센터. 2011년

자기 약속하기

① 분야별로

가정생활에서	학교(직장)생활에서	사회에서

② 미래를 위한 오늘의 선택 _ SMART 실행계획

1단계 미래의 자식에게 원하는 것? 꿈 / 비전 / 목표 (BE / DO / HAVE)	
2단계 지금 나의 상태 or 나의 모습은?	
3단계 지금부터 내가 원하는 것을 이루기 위해 어떻게 할 것인가? (구체적인 방법과 아이디어, 실행 계획 수립 / 언제, 어디서, 무엇을, 어떻게, 왜, 누구와~)	
4단계 자기의 마음과 의지를 담은 결단과 스스로에게 대한 약속은?	

③ (　　　년) 행동규칙

구분	행동 규칙	선물	1차 점검 (월 일)	2차 점검 (월 일)
자기계발				
학업				
건강				
사람관계				
사회생활				
사회기여				
기타				

새로운 습관을 형성하는 방법 7가지

① 새로운 습관을 실행하는 것을 쉽게, 오래된 습관을 따르는 것을 어렵게 만든다.

② 구체적으로 생각하되, 너무 많은 일을 떠맡으려고 하지 않는다.

③ 목표를 글로 적어놓고,잘 지키고 있는지 스스로 감시한다.

④ 중심을 잡고 단단하게 버틴다.

⑤ 설령 문제가 생긴다 해도 과잉반응하지 않는다.

⑥ 도전을 계획하고 장애물을 제거한다.

⑦ 자주 보상한다.

✲ 새로운 습관을 강화하기 위해서 위의 7가지 방법 중 어떤 것을 사용하겠는가? 3가지를 선택해 보자.

①

②

③

출처 : 그릿 실천법 163~167쪽_ 캐런 바루크 펠드먼 지음, 김지선 옮김

[나의 행동 알아보기]

나의 하루의 활동을 셀카로 기록해 보자

나의 하루를 촬영해서 한눈에 본 소감이 어떤가?

내가 아침에 일어나는 시각은 언제며, 저녁에 잠자리에 드는 시간은 언제인가?

하루 일과 중 내가 가장 자주 사용하는 말은 어떤 것인가?

하루 일과 중 내가 가장 자주 하는 행동은 어떤 것인가?

나의 대표적인 버릇은 어떤 것인가?

'자기를 변화시키기'를 마무리하면서....

	내용
Connect 신뢰 형성	나에게 도전으로 다가오는 것은 무엇인가?
Aim 목표 공유	'자기를 변화시키기'를 마치면서 무엇을 이루고 싶은가?
Now & Here 현재 인식	목표와 관련된 현재 상태는 어떠한가?
Visualize 대안 그리기	목표를 이루는 방법으로 무엇이 있을까?(3가지 이상)
Attempt 실행 의지	여러 가지 대안 중에 무엇을 먼저 시도할 수 있을까?
Support 후원 환경	계획이 잘 이루어지고 지속되려면 또 무엇이 필요한가?

「이 일을 하고 있나? 안 하면 어떻게 될까?
이 일을 하려면, 나는 어떤 위치에 있어야 할까?」
- 요키 마츠오카 (네스트 사의 테크놀로지 부사장)

VI.

마무리하기

지금을 진단해 보자.

구분	사전 검사 (Pretest)	사후 검사 (Posttest)
비전		
학업		
역량		
태도		
건강		
감정		
사람 관계		
재정 관리		
시간 관리		
기타		

끝을 맺으면서

마치면서 무엇이 기억에 남는가?	
새롭게 알게 된 것은 무엇이 있는가?	1. 2. 3.
앞으로 어떤 실행을 할 것인가?	1. 2. 3.
나에게 칭찬할 것은 무엇인가?	

자기에게 주는 상장

참고문헌

강승원, <감사표현프로그램이 행복감과 자기효능감에 미치는 효과; 초등학생, 중·고등학생, 성인을 대상으로>, 창원대학교 박사논문, 2019년

구은미 · 장명옥, <청소년 코칭>, 지식공감, 2017년

김동훈, <당신의 성격을 진단하라>, 풀무레, 2005년

김삼영 · 한인수, <리더십유형이 조직몰입과 조직시민행동에 미치는 영향에 관한 연구>, 노사관계연구, 2010년

김주환, <회복탄력성>, 위즈덤하우스, 2011년

김주환, <그릿> 서울: 쌤앤파커스, 2013년

도미향 · 정미현 · 김응자 <성격과 코칭의 이해>, 한국코칭학회, 2011년

마틴 메도우스, <그릿을 키워라>, 학지사, 2019년

박경임, <셀프리더십이 혁신행동에 미치는 영향 : 사회적 자본과 직무특성의 조절효과>, 단국대학교 박사논문, 2020년

배은경, <셀프리더십코칭>, 가림, 2016년

스티브 스콧, <해빗 스태킹>, 다산4.0, 2017년

신호주 · 김광호, <마음코칭>, 책이있는마을, 2010년

심교준, <NLP코칭 기법>, 조은, 2017년

앤절라 더크워스, <그릿>, 비즈니스북스, 2016년

이동훈, <코칭의 정석>, 뷰티풀 휴먼, 2007년

이미연, <진로코칭 워크북>, 한울. 2017년

이선영, <항공사 객실승무원이 지각한 슈퍼리더십이 인지적 유연성에 미치는 영향; 셀프리더십과 그릿(grit)의 순차적 매개효과>, 세종대학교 박사논문, 2020년

이의용, <나의 스무살 비전> 학지사, 2016년

이철우, <행복을 훈련하라>, 살림, 2011년

장정미, <오늘 꿈으로 살다>, 좋은 땅, 2015년

정경호, <셀프리더십>, 리텍 콘텐츠, 2016년

정재완, <코칭리더십 실천노트>, 매일경제신문사, 2015년

정종진, <나를 찾아 떠나는 심리여행>, 시그마 북스, 2010년

제임스 클리어, <아주 작은 습관의 힘>, 비즈니스북스 2019년

젠 예거, <7일, 168시간>, 스노우폭스북스, 2019년

조성진, <코칭이 대학생의 자기효능감과 학습몰입에 미치는 영향에 관한 현장실험연구>, 교양교육연구 제12권 제4호 PP.161~176, 2018년 08월

조지 베일런트, <행복의 비밀>, 21세기북스, 2013년

진로설계와 자기계발 편찬위원회, <삶과 꿈 그리고 직업>, 노스보스, 2017년

최인철, <굿 라이프>, 21세기북스, 2018년

최일수, <NCS 커리어 개발과 취업 전략>, 청람, 2015년

캐런 바루크 펠드먼, <그릿 실천법>, 보랏빛소, 2017년

타라 버넷 골먼, <내 감정의 함정>, 북스넛, 2013년

페기 보건 · 제이므스 보건, <생애설계 워크북>, 생각나눔, 2017년

한미옥, <대학생의 셀프리더십이 진로성숙도에 미치는 영향; 진로결정 자기효능감의 매개효과와 코칭역량의 조절효과를 중심으로>, 남서울대학교 박사논문, 2020년

학총총, <셀프리더십이 구성원의 직무성과와 혁신행동에 미치는 영향에 관한 연구; 심리적 임파워먼트의 조절효과를 중심으로>, 동명대학교 박사논문, 2019년

홍성철, <밀레니얼 세대의 그릿(Grit), 직무자율성, 회복탄력성과 잡 크래프팅 간의 구조적 관계; 호텔기업을 중심으로>, 경희대학교 박사논문, 2021년

후루카와 다케시, <습관 리셋>, 니들북, 2016년

대학생을 위한 자기경영 리더십코칭

1판 1쇄 2025년 7월 24일

저자 손인수 · 박근아 · 김세희
발행인 이경화

발행처 디자인21
주소 04560 서울특별시 중구 퇴계로 293-1 3층
전화 02-2269-6561(대)
팩스 02-2269-6568
e-mail 21publish@naver.com
블로그 https://blog.naver.com/publish21
인스타 https://www.instagram.com/21publish.co.kr
홈페이지 https://21publish.co.kr

등록번호 제1-1128호
등록일자 1991. 2. 12

ISBN 978-89-6131-184-7 03320

정가 15,000원